DE LA

DÉCLARATION D'ADJUDICATAIRE

FAITE PAR L'AVOUÉ ENCHÉRISSEUR

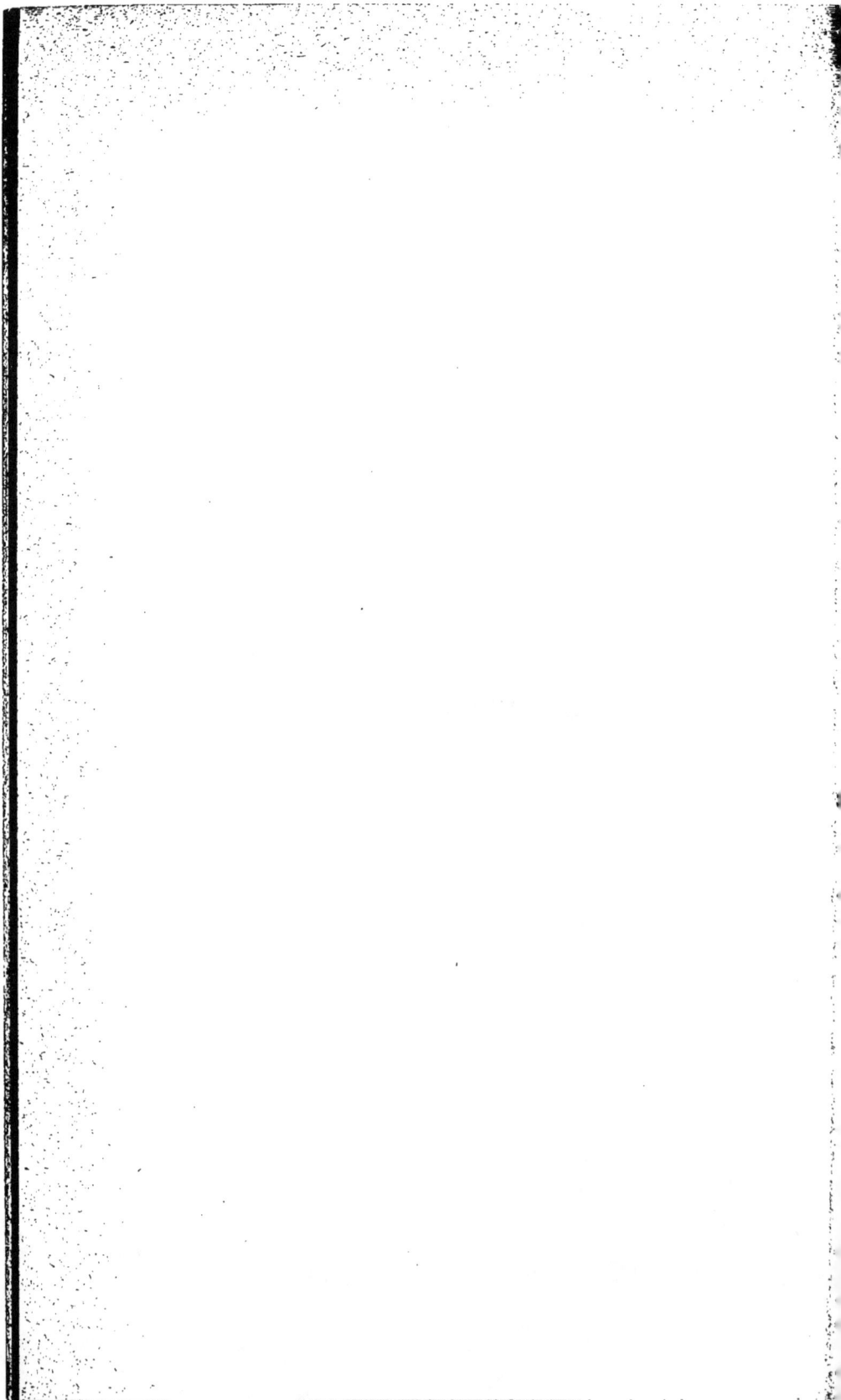

DE LA

DÉCLARATION D'ADJUDICATAIRE

FAITE

PAR L'AVOUÉ ENCHÉRISSEUR

PAR

Marcel MARCEAU

DOCTEUR EN DROIT

MONTLUÇON

IMPRIMERIE A. HERBIN

—

1911

DÉCLARATION D'ADJUDICATAIRE

par l'Avoué enchérisseur

INTRODUCTION

Notion de la déclaration d'adjudicataire. Historique.

« La vente, porte l'article 1584 du Code civil, peut être faite purement et simplement ou sous une condition soit suspensive, soit résolutoire. Elle peut aussi avoir pour objet deux ou plusieurs choses alternatives. Dans tous ces cas, son effet est réglé par les principes généraux des conventions ».

Les modalités spécifiées dans cet article ne sont pas les seules qui puissent affecter le contrat de vente; il en est d'autres, d'un usage fréquent, parmi lesquelles un des exemples les plus ordinaires est celui d'un acquéreur qui déclare avoir acquis « pour lui ou pour un ami » qu'il nommera.

C'est ce qu'on appelle la déclaration d'ami ou de command. L'acheteur, dit Toullier, désigne la personne inconnue qui a commandé ou qui est censée avoir commandé d'acquérir pour elle. La déclaration de command est donc l'indication du nom de la personne pour laquelle avait acquis celui qui, au lieu de nommer d'abord son commettant, avait réservé de le nommer ou de le déclarer.

Cette clause de la déclaration de command, dont nous venons de donner la formule, remonte au moyen âge ; c'est une institution d'origine purement coutumière et que nous rencontrons dans les monuments les plus anciens du Droit français. Mais c'est en vain qu'on en chercherait des traces dans les lois romaines ou dans les commentaires des jurisconsultes antérieurs au moyen âge. Dans le Droit romain, on ne pouvait acheter que pour soi-même, mais jamais pour autrui, à moins qu'on ne fût mandataire. D'après les principes du Droit romain, en effet, celui qui achetait pour autrui n'acquérait pas d'action pour lui-même, puisque son intention n'avait pas été d'en acquérir ; il n'en obtenait pas non plus pour la personne pour laquelle il achetait, car on ne pouvait stipuler pour autrui et « que le contrat, acte accompli entre deux personnes, doit produire effet entre ces deux personnes, donner un droit, une action à celui qui y figure et non pas à un tiers » (1). Aussi n'y a-t-il pas de trace dans le Droit romain de la déclaration de command (2). Cette modalité de la vente, dit Troplong,

---

(1) Girard. — Manuel de Droit romain, page 447.
(2) Favre. — Commentaires sur le Titre : *Si quis alteri vel sibi*, liv. 4, t. 34, déf. 1, note 2.

qui laisse en suspens pendant un certain temps la personne de l'acquéreur et qui fait dépendre de l'arbitrage de l'acquéreur ostensible le choix du véritable acheteur, est tout entière dans la jurisprudence française.

Certains jurisconsultes lui donnent une origine purement occasionnelle. D'après le Président Favre, il faudrait la voir dans la crainte que la plupart des personnes de distinction avaient d'intervenir dans les ventes judiciaires, de peur qu'on ne les accusât de cupidité ou de malveillance pour la partie vendue; elles se faisaient représenter par quelqu'un de confiance qui déclarait acheter pour lui ou pour son command et elles avaient le même droit que si elles eussent personnellement comparu à la vente. Pour d'autres, la répugnance que les nobles éprouvaient à voir figurer leurs noms dans les actes de ventes publiques serait la source de la déclaration de command. C'est, du moins, le témoignage de quelques anciens jurisconsultes, et notamment de Merlin, qui rapporte, dans son Répertoire (Vᵒ Déclaration de command) que « des amateurs de biens mis en vente, qui tenaient un certain rang dans la société, répugnaient à se mêler dans la foule des enchérisseurs et à laisser écrire leurs noms dans les procès-verbaux d'enchères ».

Mais, est-il besoin de recourir aux préjugés de la noblesse pour expliquer l'intérêt sérieux et toujours subsistant que peut avoir un acquéreur à ne pas contracter, surtout à ne pas enchérir à visage découvert ? La personnalité de l'enchérisseur est dans bien des cas une cause d'enchérissement, et la jalousie ou la malice d'un voisin ou d'un rival font souvent payer bien cher l'immeuble qui fait l'objet de leurs convoitises ; si un acquéreur paraît se désintéresser de la vente en restant dans la coulisse, il a toutes chances pour obtenir à meilleur compte le bien qu'il désire acquérir. Et on donne à cet intérêt une entière satisfaction en recourant aux bons offices d'un tiers qui se chargera de vous assurer le bénéfice d'un achat auquel vous n'aurez ostensiblement pas participé. Aussi, la clause de command était-elle au Moyen Age, comme elle l'est aujourd'hui, en usage dans toutes les ventes, dans les ventes judiciaires comme dans les ventes volontaires.

Remarquons, d'ailleurs, que la faculté pour un tiers, qu'il soit prétendu mandataire ou qu'il le soit réellement, de ne faire connaître le nom de son command qu'après un délai, peut donner lieu : 1° à des spéculations ; 2° à des fraudes au préjudice du Trésor.

Il peut arriver, en effet, que dans une vente judiciaire un individu qui voit que faute d'enchérisseurs, un immeuble va être adjugé à un prix inférieur à sa valeur, se le fait adjuger au profit d'un prétendu command, qui n'existe point, mais qu'il cherchera aussitôt qu'il sera sorti de l'audience et qui ne sera en réalité qu'un sous-acquéreur auquel notre acheteur revendra avec bénéfice l'immeuble dont il était le réel adjudicataire.

Un héritage vaut 150.000 francs ; il a été mis à prix 90.000 francs ; mais, pour une raison quelconque l'enchère n'est pas suivie ; la mise à prix n'est pas couverte ou les enchères ne l'élèvent à grand'peine qu'à 95.000 francs. Notre individu met une enchère, et l'adjudication est prononcée à son profit et il déclare qu'il se réserve de déclarer « command » dans les délais de la loi. Puis, il se met en quête d'un acquéreur auquel il revend le bien pour 150.000 fr.; mais, bien entendu, quand il fait sa déclaration de command, il ne la fait que pour le prix auquel l'immeuble lui a été adjugé à lui-même.

Conséquences de cette manœuvre : le prétendu mandataire gagne l'écart entre le prix d'adjudication et le prix de revente. Les créanciers perdent le montant de cet écart qui aurait dû leur revenir ; c'est le prétendu mandataire, qui n'est qu'un étranger, une fois son opération terminée, qui s'enrichit. Si, au lieu d'un décret forcé, nous supposons une vente de biens de mineurs, ce ne sont plus les créanciers qui perdent, c'est le mineur.

D'autre part, « la défaveur des droits de mutation a encore contribué singulièrement à propager l'usage de la déclaration de command. C'était, en effet, un moyen très simple de soustraire à un second droit de lods, de quint ou de relief, la revente que faisait l'acquéreur à un tiers » (Merlin). Le Trésor est en effet frustré, puisqu'il y a eu deux transmissions de propriété et le Trésor ne touche qu'un seul droit de mutation.

Il y a donc fraude au préjudice des créanciers et fraude au préjudice du Trésor.

C'est la possibilité de cette fraude qui a préoccupé les jurisconsultes et les feudistes dans notre ancien droit, et qui les amena, pour garantir les droits des seigneurs, à déterminer les cas dans lesquels les déclarations faites au profit d'un tiers donneraient ouverture au droit de centième denier et aux lods et ventes, et à fixer les conditions auxquelles ces déclarations seraient affranchies des mêmes droits.

La première chose à faire pour porter remède aux abus, c'était de renfermer dans un délai restreint la faculté de déclarer command ; la seconde de déclarer adjudicataire pour son compte le prétendu mandataire qui n'a pas déclaré, dans les délais, son command.

Et c'est bien là le régime que nous trouvons organisé dans presque toutes les coutumes ; la règle générale est qu'il n'est dû qu'un seul droit, tant pour l'achat primitif que pour la déclaration de command, quand cette déclaration est faite avant que l'acheteur « commandé » ait pris possession. Mais la diversité, qui était la caractéristique des coutumes, se retrouve en cette matière quand il s'agit de fixer le délai de la déclaration, c'est-à-dire le temps pendant lequel l'acheteur est présumé n'avoir pas pris possession, et de donner une sanction au défaut de déclaration dans ce délai.

Le temps dans lequel la déclaration doit se faire pour ne pas donner lieu à de nouveaux droits seigneuriaux, est fixé à quarante jours par les Coutumes de Cambrésis (titre Ier, art. 3), d'Amiens (art. 259), de Péronne (art. 82) ; et Favre dit que tel est l'usage général. — Voet, dans son commentaire sur le Digeste, titre *De Contrahendâ emptione*, nous apprend qu'on en usait autrefois ainsi en Hollande, mais que les nouvelles lois ont restreint ce terme à trois jours. D'autres coutumes, comme celle d'Artois, ne fixent pas de délai (art. 192) ; cet article exigeait simplement que la déclaration de command soit faite avant la saisine. Suivant un arrêt du Parlement de Flandre du 16 septembre 1672, « l'adjudication étant faite, celui qui est adjudicataire devra déclarer dans la quinzaine précise et suivante la personne de son command, en cas qu'il ait enchéri pour autrui ».

Le décret du 5 décembre 1790, relatif au droit d'enregistrement des actes civils et judiciaires et des titres de propriété, en assujettissant la déclaration de command au droit fixe de 20 sous, vint en fixer le délai à six mois à partir de la vente ; le décret du 13 septembre 1791 n'est que la confirmation de celui du 5 décembre 1790, dont il étend le bénéfice aux ventes de biens nationaux ; on ne peut s'empêcher de trouver que le délai de six mois était bien long, et que les décrets de 1790 et 1791 devaient, par suite, avoir une médiocre efficacité préventive. C'est alors que la loi du 24 thermidor an IV et celle du 22 frimaire an VII réduisirent considérablement ce délai en n'accordant plus que vingt-quatre heures pour faire la déclaration.

Quant à la sanction du défaut de déclaration dans les délais, quelques coutumes la faisaient consister dans la nullité de la vente, sauf tous dommages-intérêts contre l'acheteur ; la plupart déclaraient acquéreur pour son compte celui qui n'avait pas fait sa déclaration, et suivant les termes de l'arrêt du Parlement de Flandre que nous avons déjà cité,

« celui qui est adjudicataire..... sera exécutable en
son privé nom pour les deniers de son marché ».

Toutes ces coutumes ou dispositions de la puis-
sance législative, lois ou décrets, consacraient une
dérogation au droit commun de l'impôt et s'appli-
quaient tout aussi bien aux adjudications immobi-
lières amiables que judiciaires. Cependant, un doute
pouvait exister en ce qui concerne ces dernières.
Dans les premières, tout le monde pouvait acheter,
en personne, directement ; et, par conséquent, tout
le monde pouvait se réserver la faculté de déclarer
un command. Il n'en était pas de même dans les
adjudications judiciaires.

Depuis l'Ordonnance du trois septembre 1551 sur
les criées, ventes et adjudications de biens par décret, les enchérisseurs devaient, en effet, en faisant
leur enchère, nommer le procureur chez lequel ils
devaient élire domicile. « Nul ne sera reçu à enchérir, en personne, dit l'Ordonnance, qui n'ait procureur au siège, qui ait de lui connaissance et que
ledit procureur ne soit présent à ladite enchère ».
En 1667, l'ordonnance sur la procédure civile vint,
en attribuant aux procureurs le monopole de porter les enchères en justice, en faire des intermédiaires forcés entre l'enchérisseur et l'autorité qui
prononce le décret.

Comme les procureurs ne sont pas des acheteurs,
va-t-on leur interdire l'usage de la déclaration de
command ? Nous y voyons d'autant moins de raison que le procureur, remplissant en quelque sorte
un office public, agissant pour le compte d'autrui,
ne fait que demeurer dans l'exercice de ses fonc-

tions lorsqu'il déclare la personne pour laquelle il a enchéri, que cette déclaration soit faite sur le champ ou quelques jours après l'adjudication.

Leur imposera-t-on des conditions particulières, plus rigoureuses ? Rien d'impossible, car, si un délai de quarante jours est quelquefois nécessaire à un simple particulier pour se procurer les mandats de ses acquéreurs ou ses acquéreurs eux-mêmes, il en est autrement pour le procureur qui n'enchérit pas, du moins en règle générale, pour des inconnus, des personnes imaginaires, mais pour des mandants réels, dont il tient le pouvoir. Le délai de quarante jours fixé en général pour la déclaration de command devenait donc manifestement exagéré quand il s'agissait d'un procureur en charge. Aussi ce délai était, dans presque toutes les coutumes, réduit à huitaine. Tel était l'usage du Châtelet de Paris. Quant aux coutumes qui n'avaient aucune disposition à cet égard, le Parlement a jugé par deux arrêts des 5 août et 20 décembre 1600, qu'une déclaration faite deux mois après l'adjudication, devait être considérée comme un nouveau contrat.

« Il faut remarquer, dit Merlin, que les déclarations que font les procureurs *ad lites* qui, en leur qualité, se rendent adjudicataires en justice, sont exempts du contrôle, quand elles sont faites au greffe dans la huitaine ; la raison en est que ces déclarations sont alors réputées judiciaires comme les adjudications », et ailleurs : « comme les adjudications ne se font en justice qu'aux procureurs des parties, ces adjudications sont censées faites aux parties mêmes, et c'est pourquoi la déclaration du procureur adjudicataire ne donne pas lieu à de nouveaux droits, il est, en sa qualité, dispensé de représenter un mandement dont on suppose toujours l'existence par l'acceptation et la ratification de la partie. Cette déclaration, faite au greffe, n'est pas même sujette au contrôle, mais elle doit être faite dans la huitaine, conformément à l'arrêt de règlement de Paris du 26 août 1678, *à peine contre le procureur d'en répondre en son propre et privé nom* » (1),

Telle était, en effet, la sanction du défaut de déclaration dans le délai de huitaine généralement imparti : le procureur demeurait adjudicataire, et s'il voulait faire la déclaration après le délai, cette déclaration, considérée comme une mutation, une seconde vente était soumise au centième denier, comme toute mutation.

Je dois m'empresser d'ajouter qu'il était fréquemment dérogé à ce principe, s'il paraissait certain que l'adjudication n'était pas pour le compte du procureur ; les procureurs obtenaient facilement des prorogations de délai de plusieurs jours et de plusieurs mois même. Ainsi, par décision du 10 août 1727, le Conseil a jugé qu'il n'était point dû de centième denier pour la déclaration d'un procureur en charge, faite plusieurs mois après l'adjudication, mais sans qu'il eût fait aucun acte de propriété.

Dans une autre espèce, rapportée par Merlin, le sieur Gillet, procureur au Parlement, s'étant en cette qualité rendu en 1752 adjudicataire de biens

---

(1) MERLIN. — Répertoire. V° Déclaration.

décrétés, fut poursuivi en 1753, pour payer le droit de centième denier de l'adjudication ; il opposa qu'il s'était pourvu au Parlement afin d'obtenir un délai pour faire sa déclaration en faveur du véritable adjudicataire, et par une décision du 24 mai 1753, le Conseil ordonna qu'il ferait sa déclaration dans la huitaine, sinon qu'il serait contraint au paiement du droit.

De l'avis de nombreux jurisconsultes (Guyot, *Traité des Fiefs;* Pocquet de Livonnière), le procureur en charge pouvait faire une déclaration d'adjudicataire tant qu'il n'avait fait aucun acte personnel de propriété.

Telles étaient les règles de la déclaration d'adjudicataire faite par les procureurs, quand vinrent les événements de la Révolution.

En 1789, les procureurs furent atteints comme tous ceux qui jouissaient de privilèges : le principe de la vénalité de leur charge fut aboli dans la nuit du 4 août; eux-mêmes furent supprimés et remplacés par des avoués par la loi du 20 mars 1791 (art. 3) ; les avoués furent à leur tour supprimés par la loi du 3 Brumaire an II (art. 12). Plus de procureurs, plus d'avoués, plus de privilèges et conséquemment plus de règles pour ce qui regarde l'exercice de fonctions qui ne sont plus reconnues. Tout le monde peut se porter adjudicataire devant les tribunaux, et la déclaration d'adjudicataire par le procureur enchérisseur n'a plus de raison d'être.

Cependant la loi du 27 Ventôse an VIII (art. 93) rétablit les avoués et donne à la France une organisation judiciaire, établie sur de nouvelles bases. Mais elle néglige les détails de procédure, et laisse dans l'ombre et dans le doute de nombreuses questions; elle ne statue pas entre autres sur la déclaration de command faite par l'avoué.

Pendant la suppression des procureurs et des avoués, les décrets de 1790 et 1791, la loi de Thermidor an IV, et celle de Frimaire an VII, avaient modifié les conditions de la déclaration de command faite par les particuliers. A travers tant de vicissitudes, qu'était devenue la déclaration des avoués ? Avec le rétablissement de ces derniers, reparaissait-elle aux conditions anciennes, ou aux conditions nouvelles édictées pour la déclaration de command ordinaire? Bénéficierait-elle toujours des mêmes délais, ou était-elle soumise au délai de 24 heures imposé par la loi de Frimaire? L'avoué devait-il, comme dans la déclaration de command, se réserver expressément la faculté de déclarer postérieurement son adjudicataire, ou au contraire, cette faculté résultait-elle naturellement pour lui de l'accomplissement de ses fonctions ? Il semblait bien qu'en l'absence de toute disposition législative, notre déclaration eût dû rester soumise au droit commun; mais personne ne le savait; la jurisprudence était indécise sur ce point comme sur beaucoup d'autres relatifs aux fonctions des avoués. On se demandait même, après la loi du 27 Ventôse an VIII, s'il était possible d'annoncer, dans les affiches de vente par expropriation forcée, que les enchères ne seraient reçues que par le ministère des avoués ! (1) ; et il était nécessaire qu'une déci-

_____

(1) Sɪʀᴇʏ. — 1809, 1-29.

sion du Ministre des Finances du 18 Pluviôse an X,
vînt dire que « l'article 19 de la loi du 11 Brumaire
an VII, qui veut que tout citoyen puisse enchérir
par lui-même ou par autrui, et les assujettit seulement à passer dans les 24 heures leur déclaration,
s'appliquait aussi aux avoués, mais que pour les
adjudicataires de cette nature, la faculté de faire
cette déclaration existait de droit, par le vœu formel de la loi, sans que la réserve en ait été faite
dans l'adjudication ».

En somme, la déclaration de l'avoué était soumise au même délai que la déclaration ordinaire,
mais elle était dispensée de toute réserve dans l'adjudication ; ces deux points, après bien des hésita-
tions, étaient presque universellement admis. La
déclaration devait-elle être notifiée à la Régie ? on
ne le savait pas. L'adjudicataire déclaré jouissait-il
du droit de faire une déclaration de command au
profit d'un autre ? A toutes ces questions, la jurisprudence donnait des solutions équivoques, impré-
cises et diverses. De son côté, et suivant son intérêt, la Régie soutenait la théorie la plus favorable
au rendement de l'impôt. On peut dire qu'en cette
matière c'était le chaos et une confusion complète,
quand fut promulgué le Code de Procédure civile,
modifié plus tard par la loi du 2 juin 1841, et qui,
dans son article 707 (primitivement 709), vint fixer
en ces termes les pouvoirs de l'avoué et déterminer
exactement la sanction qu'il convenait de donner
aux obligations qu'il lui imposait : « L'avoué dernier
enchérisseur sera tenu, dans les trois jours de l'adjudication, de déclarer l'adjudicataire et de fournir

son acceptation, sinon de représenter son pouvoir, lequel demeurera annexé à la minute de sa déclaration. Faute de ce faire, il sera réputé adjudicataire en son nom, (sans préjudice des dispositions de l'article 711)» (1).

Nous nous proposons d'examiner, dans les pages qui vont suivre, la déclaration d'adjudicataire faite par l'avoué enchérisseur, dans sa nature, ses conditions et ses effets.

Dans une première partie, nous nous efforcerons de déterminer sa nature juridique ; nous étudierons également les conditions de formes auxquelles elle est soumise, et le délai dans lequel elle doit intervenir.

Dans une deuxième partie, nous verrons les effets d'une déclaration régulièrement faite ; dans une troisième, les sanctions d'une déclaration irrégulière, tardive ou nulle.

Nous terminerons cette étude en signalant, dans une quatrième partie, les avantages et surtout les inconvénients de la déclaration d'adjudicataire ; nous indiquerons enfin les modifications qui, à notre avis, pourraient porter remède aux abus dont l'article 707 du Code de Procédure civile est la source.

––––––––––

––––––––––

(1) Cette partie finale, qui ne figurait pas dans l'article 709 a été ajoutée en 1841.

CHAPITRE PREMIER

Nature et formes de la déclaration d'adjudicataire

SECTION I. — NATURE. OBLIGATION OU FACULTÉ

Le Code de Procédure civile qui, par son article 705, réservait déjà aux avoués le droit exclusif de porter les enchères dans les ventes qui se font à la barre du tribunal, étend, aggrave, pourrait-on dire ce privilège en leur accordant trois jours à dater de l'adjudication faite à leur nom pour désigner un adjudicataire et fournir soit son pouvoir, soit son acceptation (article 707) ; il donne à l'avoué non seulement le droit d'enchérir et de déclarer séance tenante le nom de son client, mais bien plus celui de différer cette déclaration pendant trois jours. C'est pour l'avoué une simple faculté, mais non une obligation.

On s'étonne, en vérité, qu'on ait pu mettre en doute cette faculté qui appartient à l'avoué de faire connaître sur le champ le nom de son client. Ne sommes-nous pas habitués à entendre tous les jours l'avoué, qui vient d'être déclaré adjudicataire, demander au tribunal acte de ce qu'il a enchéri de l'ordre et pour le compte de M. un tel, et celui-ci, présent aux côtés de son avoué, déclarer à son tour, sur interpellation du tribunal ou du juge commis, qu'il accepte l'adjudication prononcée à son profit. Cela ne peut pas présenter l'ombre d'un doute. Il est bien certain que l'intervalle compris entre le prononcé de l'adjudication et la désignation par l'avoué de l'adjudicataire pour le compte duquel il a enchéri n'a jamais eu d'autre caractère que celui d'une tolérance légale au bénéfice de laquelle on est toujours libre de renoncer. L'avoué est tenu de déclarer dans tel délai : cela ne signifie-t-il pas tout simplement qu'il ne jouit pas pour faire cette déclaration d'un délai plus long, mais qu'il peut aussi ne point profiter du délai ? Ce serait détourner les mots de leur sens habituel que de vouloir prétendre le contraire.

La formalité de la déclaration d'adjudicataire n'est donc pas obligatoire pour l'avoué ; mais s'il en use, quel est son rôle en cette matière ? Est-il mandataire, gérant d'affaires, adjudicataire commandé, adjudicataire sous condition ? En d'autres termes, quel est le fondement juridique de la déclaration de l'avoué ? quel est le contrat qui lui sert de base ?

SECTION II. — FONDEMENT JURIDIQUE

A. Pour certains auteurs importants (1) l'avoué ne serait autre chose qu'un adjudicataire com-

---

(1) Garsonnet, t. IV, page 714. — Demante, Enreg*, t. 1, n° 239. — Contrá : Merlin, V° déclaration, n° 7 ; — Toullier,

mandé ; son rôle, celui d'un command ordinaire.
« L'avoué, dit Garsonnet, n'agit pas au nom de son
mandant qu'il ne désigne pas et que personne ne
connaît excepté lui ; il n'agit pas en son propre
nom, car telle n'est pas son intention, et il n'enchérit qu'en exécution du mandat qu'il a reçu, mandat
forcé des deux parts, que l'enchérisseur ne pouvait
se dispenser de lui donner et que lui-même ne pouvait se dispenser de remplir. Il n'est donc et ne
peut être qu'un acheteur commandé ».

Et d'ailleurs, dit-on, le jugement d'adjudication
a pour effet immédiat de dépouiller le vendeur de
sa propriété : où va-t-elle résider tant que l'adjudicataire n'est pas désigné par l'avoué ? Ce ne peut
être que sur la tête de l'avoué lui-même. N'est-ce
pas, du reste, ce qui est impliqué par la loi qui le
répute adjudicataire définitif s'il ne fait pas la déclaration de l'article 707 ?

Il nous paraît douteux que la loi ait voulu établir
une telle assimilation entre la déclaration de command et la déclaration d'adjudicataire. D'abord
l'avoué peut en toutes circonstances, à la différence
de l'adjudicataire commandé, désigner un adjudicataire ; il n'est pas nécessaire que la réserve en
ait été faite dans l'adjudication pour qu'il en ait le
droit ; on le reconnaissait déjà avant le Code de
Procédure civile (Instruction ministérielle du 18
Pluviôse an 10), et les termes de la loi ne laissent

---

t. 8, n° 170 ; — Troplong, Vente, t. I, page 76. — Cassation :
3 septembre 1810 : (sur cet arrêt Demante 231) : 9 avril et 14
août 1811 (D. A. Enreg[t], n° 2608).

aucun doute à cet égard. La rédaction de l'article
707 ne nous permet pas de croire que le Code regarde l'avoué comme un adjudicataire commandé,
c'est-à-dire comme un acquéreur personnel, sauf à
se substituer, sous certaines conditions, un sous-
acquéreur. Cet article porte : « L'avoué... sera
tenu.... de déclarer *l'adjudicataire...* », ce qui révèle
cette présomption que l'avoué n'est pas réputé
avoir traité pour lui-même. Il pourra devenir personnellement adjudicataire, mais ce ne sera qu'à
titre d'exception ; cette éventualité est en quelque
sorte une menace suspendue sur sa tête pour l'obliger à faire diligence, une peine édictée contre lui
comme les autres peines de l'article 711, que l'article 707 évoque dans sa partie finale. La présomption du Code de procédure est de plus absolument
conforme au rôle de l'avoué, devant les tribunaux
comme à la réalité des faits ; son ministère étant
indispensable pour tout le monde, il est aussi nor-
mal et logique de supposer que c'est pour un tiers
qu'il se présente qu'il serait illogique et anormal
de penser que c'est pour lui qu'il enchérit. L'avoué
ne peut pas être considéré comme un adjudicataire
qui s'est réservé la faculté de déclarer son command ; sa situation peut devenir la même, c'est-à-
dire qu'il peut, comme ce dernier, rester adjudicataire et par conséquent être considéré comme
l'ayant toujours été, du jour de l'adjudication ;
mais, encore une fois, c'est à titre de sanction.

D'autre part nous voyons que l'article 711 interdit à l'avoué de déclarer pour adjudicataires certaines personnes : les membres du tribunal devant

lesquels se poursuit la vente, le saisi, les insolvables notoires. Or quelle est la sanction de cette prohibition ? — Si nous pensons être en présence d'une déclaration de command faite au profit d'un incapable, ce devrait être la nullité de la déclaration, et seulement de la déclaration ; l'adjudicataire commandé, en effet, qui a fait une déclaration de cette sorte reste acquéreur pour son compte ; la substitution du command au commandé étant viciée n'a pu s'opérer valablement, et ce qui est annulé, c'est cette seule substitution : l'adjudication subsiste pour le reste. Il n'en va cependant pas ainsi au cas de l'article 707 qui nous occupe ; que l'adjudicataire incapable soit déclaré à l'audience, ou qu'il le soit dans le délai de trois jours, l'adjudication est nulle, c'est le contrat tout entier qui est annulé, il faut recommencer. Il n'en serait pas de même dans la théorie que nous combattons : l'avoué étant, au moment où il a émis la dernière enchère, devenu acquéreur personnel avec faculté de substituer un command, c'est lui qui devrait rester adjudicataire.

De nombreuses différences séparent d'ailleurs la déclaration d'adjudicataire (art. 707) de la déclaration de command proprement dite ; nous les examinerons longuement un peu plus loin ; nous signalons pour le moment les plus importantes. Un command déclaré ne peut pas à son tour déclarer un autre command pour le remplacer. Nous verrons d'autre part, et il n'est plus guère contesté que dans le cas où un cahier des charges permet à l'adjudicataire de se substituer un command, cette clause profite non pas à l'avoué, mais à l'adjudicataire désigné par lui ; l'adjudicataire peut à son tour élire un command. Ce résultat serait-il explicable si l'adjudicataire déclaré par l'avoué était un véritable *command*, si, en d'autres termes, l'avoué ayant rempli le rôle d'adjudicataire commandé avait déjà une première fois déclaré command au profit de son commettant ?

Peu importe que dans la pratique on désigne improprement la déclaration de l'article 707 sous le nom de déclaration de command ; ce n'est là qu'une imperfection de langage qui ne saurait influer sur le fond du droit. L'avoué n'est pas un adjudicataire commandé.

B. — Faut-il le regarder comme un mandataire? Nous ne le pensons pas non plus. Et d'abord il est de principe certain que le mandataire ne représente pas une personne qu'il ne nomme pas en contractant. De plus, dans la simple supposition d'un mandat, on n'expliquerait pas comment la propriété se fixerait sur la tête de l'avoué mandataire, puisque le mandataire ne comparaît que pour autrui, puisqu'il ne stipule jamais en son nom personnel ; il faut donc, la propriété ne pouvant pas rester incertaine, recourir à une autre supposition, nous verrons dans un instant si cette supposition n'est pas celle de la stipulation ou de la promesse pour autrui, dont l'effet est précisément d'engager personnellement celui qui a stipulé ou qui a promis pour une tierce personne lorsque celle-ci refuse ou de tenir l'engagement qui avait été

pris en son nom, ou de profiter de ceux pris envers elle.

Quant à la supposition d'un mandat, le Code de
Procédure la repousse puisqu'il prévoit le cas où
l'avoué n'est pas mandataire, en distinguant dans
l'article 707 les deux cas : celui où l'avoué repré-
sentera son pouvoir, et celui où il fournira simplement l'acceptation d'un adjudicataire.

Quel est donc le fondement certain de la déclaration d'adjudicataire ?

A notre avis, aucune des théories du command,
du mandat ou de la stipulation pour autrui n'est
suffisante pour expliquer la nature de la déclaration d'adjudicataire. Il y a entre tous ces contrats
et l'institution que nous étudions des rapproche-
ments par certains points, mais il n'y a point con-
formité parfaite ; chacune des théories pêche par
certains côtés ; chacune est, suivant une expression
connue, comme un tapis trop étroit pour une table
trop large : qu'on le tire vers quelque bout que ce
soit, il restera toujours quelque coin à découvert.
Aussi nous semble-t-il plus simple d'étudier notre
institution comme ayant ses principes spéciaux, et
d'en expliquer le caractère par son rôle et son origine.

C.— Nous avons vu que les procureurs en charge
pouvaient seuls émettre les enchères dans les ventes judiciaires et que la déclaration qu'ils faisaient
de l'adjudicataire était soumise à des règles spéciales. Le Code de procédure s'étant inspiré avant
tout des règles de l'ancienne jurisprudence, il n'est

pas sans intérêt de consulter à cet égard l'ancien droit et les sources auxquelles ont puisé les législateurs de 1806.

Dans le Dictionnaire des droits domaniaux de Bosquet, au mot « Déclaration » § 3, nous lisons : « Comme il ne se fait d'enchère en justice que par le moyen d'un procureur en charge, l'adjudication qui lui est faite est censée faite à la partie ; ..... il est *en cette qualité* dispensé de représenter un mandement qui est toujours présumé par l'acceptation et la ratification de la partie. Cette déclaration faite en justice ou au greffe n'est pas même sujette au contrôle lorsqu'elle est faite dans le temps requis, parce que c'est *une suite de la sentence* et que *le procureur ne fait que remplir son ministère*. Mais il doit faire la déclaration dans la huitaine, conformément à l'arrêt de Règlement de Paris du 26 Août 1678 portant que les procureurs seront tenus de faire dans la huitaine au greffe leur déclaration des héritages dont ils se seront rendus adjudicataires *à peine d'en répondre* en leurs propres et privés noms... »

Guyot (3e vol. Traité des Fiefs, chap. 4, du quint, § 2, n° 4) dit que si celui qui paraît adjudicataire par la déclaration du Procureur *ad lites* a un pouvoir par écrit d'un autre, il n'y a point de mutation en quelque temps qu'il fasse sa déclaration si le pouvoir est *ad hoc*, mais que si ce pouvoir est général, il faut distinguer s'il s'est mis en possession, s'il a fait foi, s'il a pris saisine en son nom, et avoir égard à l'intervalle, et que dans tous les cas il faut que le prix soit le même sans quoi la déclaration doit être réputée une seconde vente ». Enfin cet auteur dit que, sans mandement,* il faut un bref intervalle de quinzaine au plus et que l'adjudicataire n'ait fait aucun acte personnel de propriété.

Pocquet de Livonnières, dans son Traité des Fiefs, distingue nettement les deux cas : celui où l'adjudication est faite à un procureur en charge qui n'a point à présenter de mandement, et celui d'un adjudicataire particulier, agissant en vertu d'un mandement par écrit, « qui doit justifier d'un mandement exprès, de date antérieure au contrat de forme probante » ; pour les deux cas il pose des règles différentes et cite à l'appui de ses décisions Ricard, Chapuis, Dumoulin.

De ces différentes citations, il ressort clairement que le procureur en charge était dans notre ancien droit traité différemment d'un adjudicataire ordinaire. Nous voyons par l'opinion de Guyot que celui qui devient adjudicataire par la déclaration de l'avoué peut choisir un command, et que dans ce cas, il n'y a point de mutation ; n'est-ce pas dire implicitement que l'avoué en nommant le premier adjudicataire ne faisait pas une déclaration de command ?

Exécutait-il un mandat ? Nous ne le pensons pas. Bosquet nous dit bien que le mandat était supposé chez lui, mais il ajoute en même temps que l'acceptation de l'adjudicataire le dispensait en toutes circonstances de le représenter. C'est dire qu'il pouvait parfaitement agir sans mandat, dès lors qu'il n'est pas considéré uniquement comme mandataire. Et c'est bien, dans l'esprit des juges, la même théorie qui leur faisait admettre que le procureur pourrait être autorisé à faire la déclaration même après huitaine, s'il apparaissait que l'adjudication n'était pas pour son compte, à cette seule condition qu'il n'ait point lui-même fait acte de propriété.

Quant à la question de propriété, elle était alors sans intérêt et ne pouvait influer sur la théorie de la déclaration de l'avoué. La propriété n'était pas transférée, en effet, par le jugement d'adjudication, ni par la déclaration de l'adjudicataire, mais seulement par la consignation des deniers ; le point de savoir si, dans l'intervalle entre le moment de l'adjudication et la désignation de l'adjudicataire, elle résidait sur la tête du procureur n'était pas discuté, puisque la question ne se posait même pas.

Quel est donc le rôle joué par le procureur dans la déclaration d'adjudicataire, d'après les auteurs que nous avons cités ?

Bosquet enseigne que la déclaration n'est en somme « qu'une suite de la sentence et qu'il ne fait que remplir son ministère ». Pour lui le procureur ne serait en réalité qu'un intermédiaire obligé, mais ne jouant, quand il se présente aux enchères comme lorsqu'il fait une déclaration, qu'un rôle absolument désintéressé, pourrait-on dire, ne faisant que remplir un office de ses fonctions. En présence de ces expressions il n'est pas inexact de penser « que la déclaration n'était en quelque sorte qu'une partie de la sentence, et que, le ministère du procureur étant obligatoire, elle ne constituait rien

moins qu'une formalité indispensable de l'adjudication ? » (1)

Les lois de l'époque révolutionnaire et post-ré-
volutionnaire, nous l'avons vu, n'ont rien statué
sur les déclarations faites par les avoués. Le Code
de Procédure civile et l'article 707 ont-ils entendu
les laisser sous l'empire du droit commun de la
déclaration de command ? Incontestablement non.
Le Code de procédure, qui dans ses parties essentielles n'est qu'une reproduction de l'ordonnance
de 1667, paraît s'inspirer avant tout des règles de
l'ancienne jurisprudence, et c'est pourquoi nous
estimons qu'il ne voit dans l'avoué ni un adjudicataire commandé, ni un mandataire, mais un intermédiaire forcé, jouant dans l'adjudication un
rôle spécial ; sa déclaration est aujourd'hui comme
autrefois une suite de la sentence, une formalité
de l'adjudication dont elle est le complément nécessaire.

Mais, objecte-t-on, comment résoudre avec cette
théorie la question de la propriété ? puisqu'aujour-
d'hui elle n'est pas transférée comme autrefois par
la consignation des deniers mais par l'adjudication
elle-même dès qu'elle est définitive ?

Toute la difficulté est de savoir à quel moment
l'adjudication est définitive. Est-ce seulement à
l'instant où les conditions prescrites par la loi sont
observées, c'est-à-dire, où l'avoué produit soit l'acceptation de l'adjudicataire qu'il a déclaré, soit un
pouvoir de celui-ci ? On l'a prétendu en s'appuyant

(1) Foucault. Thèse. Paris. 1903.

sur un arrêt de la Cour de Cassation du 1ᵉʳ février 1854. Or que dit cet arrêt : « Dans le cas où
l'adjudication a été faite à un avoué dernier enchérisseur, l'article 707, C. de pr. civ. ayant accordé
un délai de trois jours à cet avoué pour déclarer
l'adjudicataire...... jusque-là ce contrat est impar-
fait à son égard » (1). Cela est parfaitement clair ;
il ne saurait y avoir adjudication ou contrat parfait
puisqu'il manque un élément essentiel, tant que
l'adjudicataire n'est pas désigné, c'est-à-dire pendant les trois jours de l'article 707, en supposant
que la déclaration ne soit faite que le troisième
jour. Mais une fois la déclaration faite, l'adjudication est parfaite à l'égard de tout le monde et l'adjudicataire déclaré est propriétaire du jour de cette
adjudication, puisque c'est par le jugement d'adjudication que le vendeur a été dépossédé, et
que la transmission s'est faite directement de sa
tête sur celle de l'adjudicataire. Le Code le dit
en toutes lettres et ne distingue aucunement entre
le cas où l'adjudicataire est déclaré à l'audience et
celui où il n'est déclaré que deux ou trois jours
plus tard ; il n'y a pas lieu de faire de distinction
là où la loi n'en fait pas. L'avoué en portant la dernière enchère n'a pas fait autre chose qu'assurer à
son client le bénéfice de l'adjudication ; celui-ci
peut la refuser ; mais la propriété jusqu'à l'expiration des trois jours ne reposait pas sur l'avoué,
qui n'a pas à la transmettre, mais seulement à trouver ce client.

_____

(1) D. P. 54-1-72.

Et dès lors le rôle de l'avoué se trouve être celui d'un *porte-fort*, aux termes de l'article 1122 du Code Civil. Il s'oblige vis-à-vis du vendeur à trouver un acquéreur et à rapporter son acceptation dans un délai que la loi limite à trois jours. Par l'effet de cette acceptation, l'engagement pris par l'avoué est ratifié rétroactivement du jour du contrat, c'est-à-dire de l'adjudication (1), de sorte que l'adjudicataire passant par-dessus la tête de l'avoué reçoit la propriété directement du vendeur. Bien plus, tout vendeur qui traite avec un porte-fort peut, en vertu de l'article 1120, si le porte-fort ne tient pas son engagement, lui imposer le contrat ou lui demander des dommages-intérêts. Ici la loi dans certains cas impose le contrat ; c'est la sanction du défaut de déclaration dans le délai (art. 707); dans d'autres, elle en refuse le bénéfice à l'avoué et l'astreint à des dommages intérêts ; c'est la sanction d'une déclaration au profit de personnes prohibées (art. 711).

Cette théorie du porte-fort appliquée à la déclaration de command nous paraît du reste conforme à celle des anciens juristes. Puisque pour eux la déclaration n'est qu'une partie de la sentence et qu'ils ne supposent pas nécessairement le mandat chez le procureur, il est logique d'en inférer qu'ils ne considéraient la faculté de faire cette déclaration que comme un engagement pris par le procureur de « procurer » un acquéreur, la sanction de cet engagement consistant, comme celle du porte-fort,

---

(1) Cass. 26 novembre 1834.

dans la mise à sa charge du contrat. C'était, nous le rappelons, l'opinion de Toullier : « On peut sans mandat, acquérir au nom d'une tierce personne, en promettant qu'elle ratifiera le contrat, et si cette personne refuse de tenir l'engagement, celui qui l'avait pris en son nom demeure lui-même personnellement engagé ». La seule différence entre l'engagement de l'avoué et celui d'un particulier, c'est que celui de l'avoué est un engagement forcé, puisqu'il n'est qu'une conséquence de son ministère. Au moment où il se porte-fort pour autrui en promettant l'acquiescement d'un tiers adjudicataire, il agit bien personnellement ; mais cela résulte de ses fonctions ; c'est la loi qui le déclare pour lui.

Cette conception du rôle de l'avoué et de la nature de la déclaration nous permettront de résoudre dans la suite et d'expliquer les solutions données par les tribunaux aux difficultés qu'ils ont eu à trancher.

Section III. — Domaine de l'art. 707 du C. Pr. Civ.

A.— Nous avons dit au début de ce chapitre que la formalité de la déclaration d'adjudicataire était pour l'avoué non pas une obligation, mais une simple faculté à laquelle il peut toujours renoncer. Peut-on dire que c'est pour lui un privilège imprescriptible dont il peut se prévaloir chaque fois qu'il porte une enchère, que l'adjudication soit judiciaire et poursuivie devant le tribunal, ou qu'elle soit au contraire amiable et volontaire par devant notaire ?

La question ne semble pas faire doute. La déclaration d'adjudicataire étant une conséquence du ministère forcé des avoués, là où leur intervention n'est pas indispensable il ne saurait y avoir pour eux de conditions particulières et meilleures ; leur ministère n'a rien à voir dans une vente volontaire par devant notaires, où tout le monde peut se rendre adjudicataire par soi-même sans avoir recours à un avoué. L'avoué peut bien dans une vente volontaire être mandataire, aucun texte ne le lui défend ; mais en enchérissant pour lui ou pour autrui il se soumet au droit commun et ne saurait invoquer le bénéfice des dispositions de l'article 707. Cette solution, la seule conforme aux principes, est aussi donnée par la Cour de Cassation dans un arrêt du 13 mars 1838, en ces termes : « Attendu que l'article 709 (actuellement 707) se rapporte exclusivement aux adjudications judiciaires où le ministère des avoués est indispensablement requis puisque seuls ils sont admis à faire les enchères pour des parties dont ils sont les mandataires officiels, tandis que cet article reste tout à fait inapplicable aux adjudications volontaires devant les notaires (telles que celle dont il s'agissait en l'espèce) dans lesquelles chacun est admis personnellement à enchérir pour son propre compte en son nom, sous réserve de command au besoin, sans le ministère des avoués sans qualité pour y intervenir officiellement, etc. » (1)

B. La controverse est plus vive lorsqu'il s'agit non plus d'une vente amiable, mais d'une vente judiciaire renvoyée par le tribunal devant un notaire, qu'il s'agisse d'une vente sur licitation, d'une vente de biens de mineur ou de succession bénéficiaire. Dans ce cas, en effet, la vente conserve bien un certain caractère judiciaire, mais cette circonstance qu'elle n'a pas lieu devant le tribunal où le ministère des avoués s'exerce exclusivement, justifie dans une certaine mesure, l'opinion de ceux qui pensent que l'avoué, perdant devant le notaire commis le caractère qu'il a devant les tribunaux, ne peut, en invoquant sa qualité d'avoué, bénéficier de la faculté de l'article 707. Pour ceux-là, l'avoué qui enchérit par devant un notaire dans une vente sur renvoi, n'est plus qu'un simple particulier qui se rend adjudicataire, en son propre nom, sous réserve de déclarer un command.

Les conséquences de cette théorie seraient graves; l'avoué, pour pouvoir déclarer le nom de l'adjudicataire, devrait se réserver formellement, dans le procès-verbal d'adjudication, le droit d'élire command ; l'adjudicataire déclaré ne pourrait se substituer personne ; enfin l'avoué aurait 24 heures seulement et non pas trois jours pour faire sa déclaration.

---

(1) Civ. Rej. 13 mars 1838. Jur. gén. D. V° vente publ. d'immeub. N° 2107.

Comme le fait très justement remarquer M. Appleton dans une note insérée sous un arrêt de Dalloz (1), la solution de cette question dépend de la suivante plus générale ; dans le cas où le ministère des avoués est facultatif, comme c'est le cas dans une vente renvoyée devant notaire (art. 964. C. proc. civ.), jouissent-ils des mêmes privilèges, sont-ils exposés à la même responsabilité que lorsque leur ministère est obligatoire ?

On sait qu'il existe un assez grand nombre d'hypothèses où la loi dispense les parties d'avoir recours au ministère des avoués pour paraître en justice, mais sans néanmoins prohiber l'intervention de ces officiers ministériels. Il en est ainsi en matière de juridiction gracieuse et disciplinaire ; pour les préfets plaidant au nom de l'Etat, pour les régies des Contributions indirectes, du Timbre, de l'Enregistrement, le ministère des avoués est également facultatif. Quelquefois même la loi va plus loin, elle *interdit* aux parties de se servir des avoués (art. 414 C. proc. civ., et 627 du C. de com,), l'avoué peut bien, muni d'un pouvoir spécial, représenter les plaideurs devant le tribunal de commerce, malgré la défense de l'article 627 ; il se trouve alors dans la situation d'un mandataire ordinaire et ne peut se servir de son titre d'avoué, pour réclamer la distraction des dépens, par exemple.

Mais est-il exact de soutenir que l'avoué perd son caractère et ses privilèges d'officier public dans le cas où son intervention est non pas interdite par

---

(1) D. P., 95-2-337.

la loi, mais facultative ? Il semble difficile de l'admettre. Dans ces hypothèses, et notamment dans le cas de l'adjudication renvoyée devant notaire, la loi n'exclut pas l'avoué, elle déclare simplement qu'on peut s'en passer : « Les enchères pourront être faites..... sans ministère d'avoué » (Code proc. civ., art. 964). Elle admet donc implicitement son ministère ; elle n'a pas de raison pour s'en méfier ni pour le soustraire aux règles habituelles de sa profession. Au reste la jurisprudence s'est plus d'une fois rangée à cette idée en adoptant les conséquences qui en découlent. C'est ainsi qu'un arrêt de cassation a décidé qu'en matière d'adoption où le ministère des avoués est facultatif, ces officiers ministériels n'en conservent pas moins leur caractère et leurs privilèges, et notamment sont présumés avoir agi dans les limites de leur mandat (1). Et dans une hypothèse encore plus frappante, puisqu'il s'agissait précisément d'une adjudication renvoyée devant notaire, un autre arrêt a décidé que les avoués agissent en leur qualité d'officiers ministériels dans ces sortes de ventes, et ont droit par suite à l'émolument alloué par l'article 11 de l'ordonnance du 10 octobre 1841, et à des frais de voyage conformément au tarif de 1807 (2).

L'opinion contraire, longtemps soutenue par la Régie de l'Enregistrement, a été maintes fois rejetée par les Tribunaux et notamment par la Cour de

---

(1) Réq. 1er mai 1861. D. P. 61-1-213 ; Jurisp. gén. suppl. Vo Avoué, ne 32.

(2) Civ. Cass., 11 février 1850. D. P., 50-1-16.

Cassation dans un arrêt du 26 février 1827, aux termes duquel « l'article 965 (actuellement 964) n'a dérogé en rien à l'article 709 (actuellement 707) du Code de procédure, qui accorde sans distinction aucune aux avoués enchérisseurs un délai de trois jours pour nommer leur adjudicataire » ; si donc le tribunal renvoie par devant notaire la vente d'immeubles dépendant d'une succession bénéficiaire (c'était le cas), comme les art. 955, 957 et 960 l'y autorisent formellement, on peut dire que cette circonstance assimile en quelque sorte la vente ainsi opérée à celle qui aurait lieu devant le tribunal lui-même, et rien ne s'oppose dans ce cas à ce que les avoués admis à enchérir concurremment avec toutes autres personnes aux termes de l'article 965 jouissent de la faculté accordée par l'article 709 (1).

Cette solution qui pouvait d'ailleurs prêter à discussion et faire doute avant les modifications apportées au Code de Procédure se trouve en quelque sorte consacrée par la loi du 2 juin 1841 sur les ventes publiques d'immeubles. Cette loi qui a eu pour but de diminuer les formalités et de réduire les frais aux dépens des officiers ministériels a fixé exactement, en constatant l'étendue des sacrifices de chacun, quelles seraient les attributions des notaires d'une part et des avoués d'autre part dans le cas de renvoi par devant notaire: le notaire dressera le cahier des charges et procédera à l'adjudication, c'est tout ; quant à l'avoué auquel on en-

(1) S. 1827-1-260.

lève le droit exclusif d'enchérir, il conserve pour
le surplus le droit de continuer et de suivre la procédure commencée par lui : après avoir dans son
article 14 fixé les droits du notaire pour le cahier
des charges, l'ordonnance du 10 octobre 1841 s'ex-
prime en ces termes : .... « les avoués restent char-
gés de l'accomplissement des autres actes de la
procédure ; ils auront droit aux émoluments fixés
pour ces actes », et dans son article 10, elle alloue
à l'avoué une vacation pour prendre connaissance
du cahier des charges dressé par le notaire et une
autre pour assister à l'adjudication. N'est-ce pas
reconnaître son rôle officiel dans une adjudication
devant notaire ?

Remarquons enfin que l'article 964 (C. de proc.
civ.) qui déclare applicables aux ventes devant notaires un certain nombre d'articles du Code de
procédure relatifs aux ventes faites à la barre du
tribunal et qui rend précisément devant le notaire le rôle de l'avoué facultatif, vient à l'appui de
notre thèse en renvoyant formellement à l'article
707, relatif aux délais et formes de la déclaration
d'adjudicataire.

Il ne peut donc, à notre avis, subsister aucun
doute à cet égard. L'avoué qui enchérit dans une
adjudication renvoyée devant notaire doit être considéré comme étant dans l'exercice de son ministère, et peut à ce titre se prévaloir des privilèges
attachés à ses fonctions et notamment de la faculté
de l'article 707. La loi du 2 juin 1841 et l'article 964
sont formels sur ce point.

C. — Une controverse presque identique à celle que nous venons d'exposer s'est élevée à propos des ventes renvoyées devant notaire après conversion en vente volontaire d'une vente sur saisie. L'effet de la conversion, dit-on, est d'anéantir l'effet de la saisie, de rendre au débiteur saisi la disposition de son bien ; la vente qui au cas de continuation des poursuites eût été judiciaire devient volontaire et amiable. Or, dans ce genre de ventes, les avoués n'ont aucun rôle à jouer, ou du moins s'ils y interviennent ce ne peut être en leur qualité d'officiers ministériels, et par conséquent ils sont mal fondés à demander l'application de l'article 707 du C. de proc. civ. qui ne concerne que les adjudications judiciaires.

Toute la question, on le voit, est de s'entendre sur les effets de la conversion de saisie et sur le caractère de l'adjudication qui la suit.

Qu'y a-t-il donc de changé dans la situation du créancier poursuivant et dans celle du débiteur saisi, une fois la conversion obtenue ? — Le changement survenu peut, selon nous, s'analyser en un contrat passé par le saisi avec les personnes intéressées et par lequel ces dernières abandonnent les poursuites qu'elles ont engagées, moyennant l'obligation prise par le premier de réaliser amiablement leur gage dans les formes voulues par la loi. La saisie n'est pas anéantie ; ses effets subsistent. Ce qui est nouveau c'est la substitution d'un mode de procéder à un autre ; la direction des poursuites passe au débiteur saisi ; la vente perd seulement le caractère de vente forcée pour prendre celui d'une vente volontaire. Mais la saisie ne tombe pas pour cela ; les effets en sont momentanément et conditionnellement paralysés. D'ailleurs s'il en était autrement il faudrait en conclure que non seulement la procédure de la saisie disparaîtrait dans le passé comme dans l'avenir, mais encore que l'immeuble saisi reprendrait dans les mains de son propriétaire sa condition de droit commun et que toutes les garanties organisées par la loi dans l'intérêt des créanciers ne subsisteraient plus. Or il n'en est pas ainsi : au cas de négligence ou de retard du débiteur dans la réalisation de leur gage, les créanciers peuvent toujours reprendre les poursuites (1) ; c'est donc que la saisie n'était point anéantie mais que la procédure était seulement suspendue.

« La conversion, disait M. Tripier dans la 24e séance de la commission chargée d'élaborer le projet de la loi de 1841, n'efface pas la saisie, mais elle en adoucit seulement et simplifie les formes ; c'est un mode mixte qui se ressent de son origine » ; et dans le rapport de Pascalis sur la même loi à la Chambre des députés nous lisons : « La nature de la vente sur conversion après saisie immobilière est en quelque sorte mixte. Dans son principe la vente devait être forcée, la poursuite était forcée ; mais ensuite elle a dégénéré ; la vente n'est plus qu'une vente judiciaire volontaire parce qu'il y a eu conversion, le saisi, le créancier poursuivant et tous les créanciers inscrits s'entendent pour vendre.»

_____

(1) Paignon. T. I, page 248, no 197.

En somme, au fond, qu'y a-t-il de changé véritablement ? Quelques formalités et le mode d'adjudication. Cela est-il suffisant pour que l'avoué auquel nous avons reconnu le droit d'enchérir et de déclarer l'adjudicataire dans le délai de 3 jours, dans une vente renvoyée devant notaire, perde le même droit parce que la vente est une vente sur conversion de saisie ? Nous ne le croyons pas, car la vente reste judiciaire, et suivant l'opinion de Merlin et de Chabot de l'Allier, « le notaire chargé de la vente représente le tribunal et l'acte passé devant lui est censé fait en justice et devant le tribunal ».

Remarquons enfin que l'article 743 du C. de pr. civ. qui autorise les intéressés à obtenir la conversion de saisie leur impose certaines conditions, et entre autres celle-ci : que la vente aura lieu avec les formalités qui sont prescrites aux articles 958, 959, 960, 961, 962, 964 et 965 pour la vente des biens immeubles appartenant à des mineurs. Peut-on dire plus clairement que la vente sur conversion de saisie renvoyée devant notaire suivra les règles de la vente de biens de mineurs renvoyée devant notaire, et que par conséquent l'avoué, malgré son rôle facultatif, conserve néanmoins, dans ces sortes de ventes son caractère d'officier public, et reste soumis aux règles spéciales de sa profession tant au point de vue de la responsabilité que de la procédure, notamment de l'enchère et de la déclaration de l'adjudicataire. C'était l'avis de la Cour de Cassation donné dans un arrêt du 31 décembre 1883. « Attendu, dit la Cour,

que de la combinaison des articles 964 et 743
C. pr. il résulte que le jugement, qui ordonne dans
le cas prévu par le dernier de ces articles que l'adjudication aura lieu par devant un notaire, n'anéan-
tit point la saisie et que la vente ainsi faite, étant
soumise aux formalités et conditions des ventes
d'immeubles appartenant à des mineurs, est assu-
jettie en conséquence aux dispositions de l'article
707 du même Code. » (1)

D. — En résumé, et comme conclusion à toute cette
discussion sur le caractère de la déclaration d'adjudicataire, la formalité de l'art. 707 constitue au profit de l'avoué une simple faculté, un privilège at-
taché à son rôle d'officier public, mais dont il peut
se prévaloir chaque fois qu'il se trouve dans l'exercice de ses fonctions, à moins, bien entendu, que
l'application de ce principe n'entraine des conséquences, qui seraient en désaccord avec les principes généraux de la procédure. Par exemple, de
ce que l'avoué jouit du délai de l'article 707 dans
une vente renvoyée par devant notaire, il ne faudrait pas en conclure qu'il en jouit en tous lieux,
quelle que soit la résidence du notaire commis ; sa
compétence étant strictement limitée au tribunal
de son arrondissement, il ne saurait invoquer les
dispositions de l'art. 964 pour prétendre porter les
enchères devant un notaire d'un arrondissement
autre que le sien mais commis par le tribunal de
cet arrondissement, et ne déclarer que dans les

(1) Sirey. 84. 1. 445.

trois jours le nom de son adjudicataire. Dans ce cas, l'avoué n'est qu'un simple particulier et le régime spécial que lui valait sa situation d'officier ministériel au lieu où il exerce ses fonctions ne lui est plus applicable ; s'il veut, après avoir enchéri, déclarer un command, il devra en avoir fait la réserve, puis notifier dans les 24 heures sa déclaration à l'Enregistrement.

D'autre part, un avoué après avoir été déclaré adjudicataire, sous réserve de désigner son client, pourrait-il charger du soin de remplir cette formalité un tiers, son clerc, par exemple ? On a soutenu l'affirmative (1) à tort selon nous. La loi dit : « ... à charge par l'avoué de déclarer... » ; c'est l'avoué et lui seul qu'elle vise, comme c'est contre lui seul qu'elle prononce la sanction de l'article 707. La déclaration d'adjudicataire est, comme le fait d'enchérir, un acte du ministère de l'avoué, et si l'avoué peut pour un acte de cette nature se faire substituer par un de ses confrères, il ne saurait en confier l'accomplissement à tout autre mandataire ; l'avoué ne peut pas plus déléguer sa qualité à un mandataire, qu'un notaire ne peut déléguer le pouvoir de donner l'authenticité aux actes.

Il importe peu d'ailleurs que la vente ait été renvoyée devant notaire au lieu d'être faite à la barre, car ce n'est pas moins en sa qualité d'officier ministériel qu'il intervient, et qu'il fait la déclaration de l'art. 707 puisque cet article est au nombre de ceux qui doivent *toujours* être observés dans les

---

(1) Dictionnaire du Notariat. Déclaration. N° 79.

ventes d'immeubles appartenant à des mineurs,
à des co-propriétaires indivis ou à des faillis (C.
de pr. art. 964 à 972 ; C. com. art. 572). C'est pourquoi nous estimons que l'avoué, qui, même dans le
but louable d'épargner à l'adjudicataire le paiement
d'une vacation et de frais de transport en l'étude
d'un notaire, ferait faire par un mandataire la déclaration en question, ne pourrait être réputé avoir
rempli cette formalité régulièrement et selon le
vœu de la loi et devrait être considéré comme
ayant encouru les sanctions de l'article 707 et avoir
enchéri pour son propre compte.

SECTION IV. — FORMES

A. *Du lieu de la déclaration.*

L'article 707 est muet sur l'endroit où doit se
faire la déclaration qu'il prescrit. On admet généralement aujourd'hui que c'est au greffe du tribunal civil qui a reçu les enchères, et qu'elle doit être
écrite par l'avoué à la suite du cahier des charges
et du procès-verbal d'adjudication. Cette façon de
procéder facilite grandement les recherches en
groupant en un seul tous les renseignements qui
autrement seraient épars les uns dans le cahier
des charges, les autres dans le procès-verbal, d'autres dans la déclaration d'adjudicataire. Cependant,
avant la loi de 1841, telle n'était pas la pratique
ordinairement suivie ; dans le silence du Code les
greffiers et les avoués avaient en cette matière une

certaine initiative qui rendait très variable la procédure et la forme de la déclaration d'adjudicataire. Dans ses observations au projet de réforme du Code concernant les ventes judiciaires (devenu la loi de 1841), la cour de Metz se plaignait qu'en beaucoup de localités, on inscrivit la déclaration de l'avoué sur un registre séparé auquel demeurait annexé le pouvoir. On répondit à la Chancellerie que la déclaration devait toujours être portée sur le cahier des charges et qu'agir autrement était un abus qu'il fallait proscrire par des instructions règlementaires. (1)

Mais, objecte-t-on, il n'est dit nulle part dans la loi que les déclarations d'adjudicataires et l'acceptation qui doit les suivre ne puissent être consenties devant notaires ; et pour plus de facilité n'y aurait-il pas lieu de reconnaître comme valables les déclarations ainsi faites, « le législateur ayant uniquement voulu qu'il soit impérieux qu'elles interviennent d'une façon certaine et authentique dans les trois jours de l'adjudication ».

Ce que le législateur a voulu : il n'est pas toujours facile de le savoir ; mais ce que nous pouvons tenir pour certain, sans risquer de nous tromper sur ses intentions, c'est qu'il n'a pas voulu faire d'un jugement d'adjudication un acte disparate, décousu et sans unité, dont chacune des parties se trouverait chez un officier ministériel différent. C'est dans ce but qu'il a décidé que les notaires rédigeraient et conserveraient le cahier des charges dans les

---

(1) J. G. Dalloz. Vente publique d'immeubles, n° 1713.

ventes renvoyées devant eux ; il n'est pas téméraire de supposer devant son silence, que dans le même but, il a entendu que la déclaration de l'avoué enchérisseur soit faite au greffe, à la suite du cahier des charges. Et de cette règle, il s'ensuit cette conséquence, que nous n'hésitons point à admettre, qu'au cas de vente devant notaire la déclaration ne devra pas se faire au greffe du tribunal, qui ignore la vente, et à laquelle il est resté étranger, mais bien à la suite du cahier des charges dressé par le notaire et déposé en son étude et dans la même forme qu'au greffe.

B. Des termes de la déclaration et de l'acceptation.

Dans quels termes doit se faire la déclaration d'adjudicataire et que doit-elle contenir ?

Le Code de procédure ne nous renseigne en aucune façon sur le premier point. Aussi aucune formule sacramentelle n'est-elle exigée ; il importe seulement que les termes employés ne laissent aucun doute sur le sens de la déclaration, et fassent connaître d'une façon indiscutable le nom de l'adjudicataire (1).

---

(1) Dans le cas où l'adjudicataire comparaît au greffe pour accepter l'adjudication, la formule habituellement employée est la suivante : L'an... le..., au greffe du tribunal civil de... a comparu Me X... avoué, lequel a déclaré que l'adjudication à lui faite par le jugement qui précède d'une maison sise à ...., moyennant..... francs, en sus des charges, est pour le compte de M.... (nom, prénoms, profession, domicile) ici présent et acceptant, élisant domicile à... rue... no en l'étude dudit Me... qui a signé avec son dit client et nous greffier, après lecture.
Signatures.

L'article 707 nous dit au contraire très exactement ce que doit comprendre la déclaration : « l'avoué sera tenu... de fournir son acceptation, sinon de représenter son pouvoir... ». Dans le premier cas, l'adjudicataire, qui accepte, peut comparaître en personne au greffe, et faire lui-même un acte d'acceptation, contresigné par l'avoué ; il peut également donner pouvoir à cet effet à un mandataire, qui n'est pas nécessairement l'avoué, celui-ci ne jouant un rôle obligatoire que dans la seule déclaration.

Dans le second cas, l'avoué ayant reçu un pouvoir d'enchérir a par là même reçu celui de faire la déclaration au profit de son mandant, pourvu bien entendu que celle-ci n'excède pas les conditions du mandat. Toute ratification ou acceptation serait inutile ; le dépôt du pouvoir suffit pour mettre l'avoué à l'abri de tous soupçons. La loi exige de plus que ce pouvoir demeure annexé à la minute de la déclaration. Doit-il être authentique ? Evidemment non ; il peut être sous seings privés ; mais il faut que dans ce cas il ait date certaine ; qu'il soit par conséquent timbré et enregistré ; c'est du reste le droit commun.

La déclaration et l'acceptation, au cas où ils interviennent séparément sont donc deux actes bien distincts, comme deux formalités d'une même procédure, mais deux actes incomplets par eux-mêmes, et qui l'un sans l'autre n'ont aucune efficacité. La déclaration sans l'acceptation n'engage pas l'adjudicataire qui y est étranger ; et l'acceptation d'une déclaration inexistante ou irrégulière ne peut avoir aucun effet. Telle n'était pas l'avis de la cour d'Alger dans une décision curieuse (1) et qui étonne à bon droit, rendue le 14 mars 1849. Elle a jugé en effet dans cet arrêt qu'il fallait regarder comme valable la *déclaration* d'adjudicataire faite dans le délai de 3 jours par l'avoué, dernier enchérisseur, bien qu'elle n'ait été signée par l'avoué et l'adjudicataire que postérieurement à l'expiration de ce délai, c'est admettre en d'autres termes que la déclaration peut produire effet indépendamment de l'acceptation. La Cour argumentait de la façon suivante : quand la loi déclare adjudicataire pour son compte personnel l'avoué qui n'a pas fourni dans les trois jours de l'adjudication, l'acceptation de l'adjudicataire, elle inflige une peine à sa négligence, mais une peine qu'il ne peut pas être permis de prononcer devant une déclaration incomplète comme en l'absence de toute déclaration ; rien ne démontre en effet, qu'il puisse en être ainsi lorsque l'avoué a réellement fait sa déclaration dans le délai prescrit, et que par des circonstances particulières cette déclaration demeurée incomplète a reçu toute sa perfection, deux jours plus tard ; que rien ne démontre qu'il doive en être ainsi lorsque l'adjudicataire véritable se présente avec l'avoué, qui a enchéri pour lui, au greffe du tribunal et vient confirmer par sa signature la déclaration précédente faite dans le délai fixé ; cette nouvelle déclaration est alors une ratification de la première, une véritable ratification du mandat réellement donné à

---

(1) C. d'Alger, 14 mars 1849, S. 49. 2. 472.

l'avoué, laquelle doit remonter à la première déclaration et la valider ainsi ; l'enchérisseur au nom
duquel la déclaration a été faite aurait seul le droit
de se plaindre ; loin de là, venant à la confirmer,
nul dans la procédure soit en expropriation, soit en
licitation n'a intérêt à repousser le dernier et plus
haut enchérisseur qui se présente et qui réclame
le bénéfice de la déclaration faite en son nom ».

La théorie de la Cour d'Alger nous paraît inadmissible, et a toujours été repoussée par la jurisprudence. Les considérations, toutes de fait, sur
lesquelles elle s'appuie, tirées du court espace de
temps écoulé après l'expiration des trois jours légaux,
n'ont aucune valeur juridique ; au lieu de deux
jours de retard il aurait pu y avoir un mois et plus,
et nous ne voyons pas comment sa décision put
être différente de celle que nous critiquons. S'il
nous fallait l'admettre, toute l'économie de la loi
serait bouleversée. Ce qu'elle veut, en effet, c'est
un acte complet fait dans les trois jours ; dans l'espèce, l'acte n'a été complété que le cinquième jour
et n'a pu exister réellement qu'à ce moment. La
disposition de l'article 707 est bien nette et ne peut
être éludée en présence de ses termes formels ; le
délai de trois jours s'applique à l'acceptation de la
déclaration comme à la déclaration même.

A un autre point de vue, quand la loi parle du
« pouvoir de l'adjudicataire », c'est un mandat
écrit qu'elle entend exiger. Aussi ferait une déclaration incomplète et irrégulière, l'avoué qui se con-
tenterait de déclarer avoir agi en vertu d'un mandat verbal ; il devrait être considéré comme n'ayant

pas rempli les conditions de la loi, et être réputé adjudicataire personnel avec toutes les conséquences qui en découlent. Cette solution, conforme à l'interprétation stricte et littérale de l'article 707, a été, par l'Administration de l'Enregistrement, dans une instruction, donnée à ses agents, et ainsi conçue : « Des vérifications opérées dans les greffes des tribunaux de première instance, ont fait découvrir des irrégularités au sujet des déclarations d'adjudicataires passées par les avoués. Il a été reconnu que dans plusieurs circonstances, des avoués avaient souscrit des déclarations de cette nature, sans justifier d'un pouvoir écrit à défaut d'acceptation des adjudicataires, dont ils déclaraient être les mandataires verbaux. Ce mode de procéder est contraire aux dispositions formelles de l'art. 707 C. de pr. civ. Aux termes de cet article « l'avoué, dernier enché-« risseur est tenu dans les trois jours de l'adjudi-« cation, de déclarer l'adjudicataire et de fournir « son acceptation, sinon de représenter son pou-« voir, lequel demeure annexé à la minute de sa « déclaration ; faute de ce faire, il est réputé adju-« dicataire en son nom, sans préjudice des dispo-« sitions de l'article 711. » Il résulte des prescriptions de l'article 707, que l'avoué qui, dans les trois jours de l'adjudication, ne fournit pas l'acceptation de l'adjudicataire, est obligé, dans le même délai, de représenter un pouvoir écrit et de le déposer à l'appui de sa déclaration. En se bornant, à défaut d'acceptation, à déclarer qu'il a agi en vertu d'un mandat verbal, l'avoué ne satisfait donc pas aux prescriptions de la loi. Il doit dès lors être réputé

adjudicataire personnel, avec toutes les conséquences qui en découlent, notamment au regard de
l'impôt. Il est recommandé aux agents de veiller à
l'avenir à ce que les dispositions de l'article 707
soient strictement observées... (1)».

Pour terminer cet aperçu sur la forme de la déclaration d'adjudicataire, nous ajouterons seulement que, dans les observations de la Cour de
Riom sur le projet voté en 1841, on remarque qu'elle
avait demandé une disposition qui aurait exigé que
l'avoué fut obligé de faire pour l'adjudicataire non
domicilié dans le ressort une élection de domicile,
sans laquelle elle serait de droit chez cet avoué.
Cette modification n'a point été adoptée ; il n'y a
donc rien de forcé à cet égard. Mais la pratique est
constante dans le sens de cette observation.

SECTION V. — DÉLAI.

Une des questions les plus discutées, relatives
aux conditions de la déclaration d'adjudicataire,
est celle de savoir comment doit se compter le
délai de trois jours fixé par le Code de Procédure.
« L'avoué, dernier enchérisseur, dit l'article 707,

(1) Instruction de l'Administration de l'Enregistrement,
n° 2718, § 11, du 25 septembre 1885. (D. P., 86. 3. 8).

sera tenu, *dans les trois jours de l'adjudication*, de déclarer... ».

Quel est ce délai? comprend-il le jour de l'adjudication? Que décider si dans les trois jours se rencontrent un ou plusieurs jours fériés, ou si le troisième jour est férié? Les trois jours sont-ils trois jours utiles? Le délai est-il un délai franc? Autant de questions qui ont longtemps divisé les auteurs et les tribunaux, et sur lesquelles l'accord n'est pas encore fait.

Dans son *Code des Temps légaux* (page 10 de l'Introduction), Souquet admet comme ne pouvant plus faire difficultés ces deux principes que, dans le calcul des délais : 1° le jour duquel on compte doit être considéré comme une limite ou point de départ, qu'il ne faut pas comprendre dans la durée du temps fixé, de même qu'on ne comprend pas dans l'espace à parcourir le point d'où l'on part ; 2° lorsqu'une loi, une ordonnance, un jugement, une convention, ordonnent ou défendent de faire une chose dans ou pendant le délai accordé le jour du terme ou de l'échéance compte.

L'application de ces principes certains à notre matière nous amène à décider qu'on ne doit pas comprendre le jour de l'adjudication dans le délai de trois jours, d'une part, et que, d'autre part, le troisième jour compte dans ce délai ; qu'en somme l'avoué a trois jours pleins pour faire sa procédure ; qu'il peut la faire même le dernier jour, s'il n'est pas férié toutefois.

Dans ce dernier cas, la situation ne manque d'être embarrassante; d'une part, la loi accorde trois

jours à l'avoué et lui reconnaît le droit de n'utiliser que le troisième ; d'autre part, ce jour est férié ;
toute procédure est impossible ; le délai accordé se
réduit donc en réalité à deux jours, puisqu'il ne peut
pas user de tout son temps ? Ne serait-il pas logique
d'augmenter d'un quatrième jour le délai fixé ? —
La Commission de la Cour de Cassation avait proposé au projet de la loi de 1841, un paragraphe
ainsi conçu : « Si le troisième jour tombe un jour
férié, la déclaration sera valablement faite le quatrième jour », pour faire cesser, disait le Rapporteur, une difficulté de la Régie de l'Enregistrement,
au cas où le troisième jour tombe un jour férié·
Ce paragraphe ne fut pas voté. Faut-il en conclure
que le délai, en l'absence de toute disposition légale
ne peut être prorogé ? ou, au contraire, peut-on
dire avec le Tribunal du Mans (9 décembre 1881),
que le rejet de la proposition de la Cour de Cassation ne saurait avoir aucune influence sur l'interprétation des termes de l'article 707, qui auraient conservé le même sens après la loi de 1841,
« puisque ce rejet est la manifestation la moins
équivoque de la volonté du législateur de s'en ré-
férer sur ce point à ce qui avait été précédemment
réglé par les articles 63 et 1037 », lesquels défendent de faire aucun acte les jours fériés, jours où
les bureaux sont fermés de par la loi et où les ma-
gistrats et les officiers ministériels ont également
le droit de se livrer au repos.

Les arguments développés par le Tribunal du
Mans contiennent, on peut le dire, tous les motifs
invoqués par les partisans de la prorogation du

4

délai de trois jours; c'est pourquoi nous tenons à les reproduire presque intégralement : « ... Attendu que si absolus et si impératifs que puissent être les termes de l'article 707, il n'en résulte pas moins qu'il accorde trois jours à l'avoué pour déclarer command; attendu que dans les trois jours ne veut pas dire ni dans deux ni dans un, délai auquel la Cour suprême entendrait réduire le temps concédé, si les deux derniers jours étaient des jours fériés (1); attendu qu'une telle jurisprudence... est inadmissible; — et qu'il n'y a absolument rien à induire en sa faveur, de ce que la formule de l'article 707 « dans les trois jours » serait inclusive, parce qu'on peut tout aussi bien soutenir qu'elle est exclusive; attendu qu'elle est de fait exclusive du quatrième jour quand l'avoué, dernier enchérisseur, a pour agir trois jours consacrés aux affaires, trois jours utiles consécutifs; mais qu'elle perd son caractère d'inclusivité quand il n'y a que un ou deux de ces jours utiles dans la période dévolue à l'officier ministériel.

... Attendu que l'article 1037, qui autorise à agir les jours de fêtes légales, avec permission du juge, ne peut relever ici de l'obligation d'inactivité; attendu qu'il n'a été introduit que pour les cas de péril en la demeure, pour les cas d'urgence et dans les circonstances où le juge peut agir et ordonner, tandis que la déclaration de command est un acte qu'il ne peut ni ordonner, ni faire; attendu d'ail-

---

(1) **Arrêt** du 1er déc. **1830.** Jur. gén. Dalloz. V. Enregt, n° **2605.**

leurs que cet article n'a d'autre but que d'accorder
une faculté aux parties qu'il concerne, et non de
leur imposer une obligation ; d'où la conséquence
que si elles ne veulent pas y recourir, on ne peut
s'autoriser de leur inaction pour leur faire grief ....,
qu'il doit en être ainsi surtout quand celui qui
n'agit pas a un délai pour se mouvoir ; ... que lors
même qu'il y aurait quelque doute sur la portée de
l'article 707, on ne saurait oublier que la personne
tenue d'une obligation quelconque, doit compter
sur le délai tout entier qui lui a été imparti ; qu'elle
doit être assimilée à un débiteur, lequel est obligé
de s'acquitter dans un certain temps, et que c'est
en sa faveur et non contre elle que doit se faire
l'interprétation des choses douteuses (art. 1162,
C. civ)... » (1).

Pour être moins développées et d'une portée
plus pratique, les raisons données par le tribunal
de Rocroy, dans une décision du 16 janvier 1879,
ne manquent pas de force. « Attendu, dit le jugement (2), que l'avoué de l'adjudicataire ne pouvait
utiliser le troisième jour (dimanche, jour férié),
mais qu'il a fait la déclaration exigée par la loi dès
le lendemain ; que c'est mal à propos que l'Enregistrement soutient que cette déclaration est tardive ; que le système derrière lequel cette Administration se retranche, ne tendrait à rien moins
qu'à faire modifier la loi, et dans le cas de l'espèce,
à restreindre à deux jours seulement le délai réglé

---

(1) SIREY. — 84. 1. 445.
(2) SIREY. — 81. 1. 432.

et fixé par l'article 707 (C. Pr. civ.) ; qu'en effet, si les greffes des tribunaux doivent être ouverts tous les jours, il y a exception formelle à cette règle en ce qui touche les dimanches et jours fériés ; que cette exception résulte nettement et positivement de l'article 90 du décret du 30 mars 1808..... ».

C'était aussi l'avis du tribunal de Castres, dans un jugement du 9 avril 1876 (1), d'après lequel l'équité rigoureuse exige que si le législateur a voulu assurer le repos les jours fériés, il a dû en assurer le moyen en ordonnant que les jours fériés ne seraient point comptés dans les délais fixes déterminés par la loi ; l'article 57 de la loi organique du 26 Messidor an IX, l'article 29 de la loi de Frimaire an X, l'article 90 du décret du 30 mars 1808, indiquent la pensée du législateur sur le repos du dimanche ordonné aux fonctionnaires publics ; dans ces conditions, la déclaration d'adjudicataire devant être faite dans les trois jours, et le dernier de ces jours, dont l'avoué a le droit d'user comme des deux autres, étant férié et inutile, il serait illégal et illogique de refuser à cet officier ministériel un quatrième jour de prorogation.

Quelques auteurs sont de cet avis. « Le délai (de 3 jours) est prorogé au lendemain, quand le dernier jour est férié ; cela, dit Rodière, résulte clairement à nos yeux de la disposition de l'article 1033, modifié par la loi du 3 mai 1862 » (2). C'est aussi

(1) D. P., 1877, 5. 197.
(2) Rodière, t. 2; page 278.

le sentiment de M. Garsonnet (1), et l'avis de nombreux tribunaux (2).

Mais toutes les raisons que nous venons d'exposer n'ont pas trouvé grâce devant la Cour de Cassation qui les a repoussées à plusieurs reprises, et cela pour un double motif. 1° l'art. 1033 du C. de Pr. civ., constamment invoqué par les auteurs et les tribunaux, est sans application lorsqu'il s'agit d'un acte judiciaire fait au greffe, sans signification à personne ou à domicile. 2° Par l'emploi d'une formule comme celle dont il s'est servi dans l'art. 707 C. Pr. civ. le législateur a clairement manifesté l'intention que l'acte ne pût être fait que dans les limites du délai fixé et non le lendemain de son échéance.

L'article 1033 du Code de Procédure civile était, au moment où la Cour de Cassation fut appelée à statuer (3) ainsi conçu : « Le jour de la signification et celui de l'échéance ne sont point comptés dans le délai général fixé pour les ajournements, citations, sommations et autres actes faits à personne ou à domicile. Si le dernier jour du délai est un jour férié, le délai sera prorogé au lendemain (Loi du 3 mai 1862) ».

Peut-on dire que la partie finale de notre article,

_____

(1) *Traité de Procédure*, tome IV.
(2) Le Havre : 16 mai 1872. — Besançon : 30 janvier 1873. — Douai : 26 janvier 1874. — Rochechouart : 16 août 1880.
(3). Actuellement la rédaction de l'art. 1033 n'est pas celle qu'elle était en 1862 ; une importante modification y a été apportée par la loi du 13 avril 1895, sur laquelle nous reviendrons plus loin.

— 58 —

celle qui a été ajoutée en 1862, est une disposition d'ordre général, s'appliquant à toutes sortes de délais prévus ou ordonnés par une loi ou les conventions des parties, que ce soit en matière civile, commerciale ou de procédure (Cours d'Amiens, 21 janvier 1865 ; de Poitiers, 11 août 63 ; de Chambéry, 6 décembre 1865). Nous ne le pensons pas, et c'est aussi l'avis général. La disposition finale de notre texte est en relation étroite avec les dispositions précédentes auxquelles elle se rapporte ; or l'article en question dans son premier paragraphe a trait aux « ajournements, citations, sommations et autres actes faits à personne ou à domicile ». Trouve-t-on quelque chose de semblable ou même d'assimilable à ces actes, qui sont tous du ministère des huissiers, dans la déclaration d'adjudicataire faite au greffe par un avoué ; évidemment non, aussi la Cour de Cassation a-t-elle, à notre avis, sagement décidé en jugeant que l'art. 1033 n'a eu en vue que les ajournements, citations... etc..., et qu'il reste complètement étranger à la déclaration d'adjudicataire qui ne peut donner lieu à aucune signification à personne ou à domicile. (1) — Remarquons que cette interprétation est absolument conforme à l'esprit du Code de Procédure qui prévoit toujours dans les textes particuliers, les applications permises de l'art. 1033, lorsqu'il s'agit, bien entendu, d'actes autres que les ajournements, citations, etc.... C'est par exemple le cas du pourvoi en cassation qui peut être formé le

(1) S. 1884. 445.

lendemain du dernier jour du délai si ce jour est férié (1).

D'autre part, il a été prouvé, et c'est actuellement un point constant en doctrine et en jurisprudence, que, quand pour déterminer un délai, le législateur s'est servi d'une formule inclusive telle que celle-ci : dans les trois jours, ce délai ne peut être augmenté à raison des jours fériés (2). Par les termes employés dans l'article 707, le législateur a donc clairement manifesté l'intention que l'acte qu'il ordonne ne peut être fait que dans les limites du délai fixé et non le lendemain de son échéance. La loi n a pas distingué en établissant le délai de 3 jours, s'il y aurait des jours fériés dans ce délai ; et il ne saurait appartenir aux tribunaux de profiter de ce silence pour créer des exceptions.

Si rigoureuse que soit cette solution et quoi qu'elle soit de nature à produire plusieurs inconvénients dans la pratique ; il est impossible de ne pas l'approuver. Etant donné l'état de nos lois sur la procédure au moment où est intervenu l'arrêt de la cour de cassation (31 décembre 1883) il faut dire qu'au point de vue juridique sa décision est d'une justice rigoureuse. Au point de vue de l'équité, en est-il de même ? Malheureusement non. Selon l'expression de Demante, la solution de la C. de Cassation est déplorable, « et une correction légis-

_____

(1). DALLOZ, J. G. (suppl. vo délai, no 32).
(2). MERLIN — Rép. vo délai, Sect. I. § 3, no 5. — AUBRY et RAU, t. 1, p. 165, § 49 — CHAUVEAU et CARRÉ ; Lois de la proc. t. 9, q. 2384 ; — Cassation 1er décembre 1830 (S. 31-1-36)... 10 mars 46 (S. 46. 1. 316).

lative est urgente, d'autant plus que depuis la loi du 8 mars 1886, la continuité de deux jours fériés consécutifs, accidentelle jadis, se produit désormais chaque année aux fêtes de Pàques et de la Pentecôte. » Comme nous le verrons plus loin, la correction législative s'est fait attendre jusqu'à 1895.

Si on ne peut justifier, on peut cependant tenter d'expliquer la disposition étroite de l'art. 707 par quelques considérations pratiques. La première c'est que l'avoué ne se rend pas en règle générale adjudicataire sans en avoir reçu le mandat avant le jour de la vente, il peut donc dès ce jour là, ou dès le lendemain, faire connaître la personne de son mandant. Nous reconnaissons d'ailleurs que rien dans nos lois n'oblige l'avoué à enchérir en vertu d'un mandat et que, souvent même, en cas de mandat, des difficultés peuvent surgir relativement à l'étendue, à la portée, à la validité des instructions qu'il contient et qui rendraient nécessaire la prorogation du délai de la loi. La deuxième considération c'est qu'il importe pour prévenir des abus de toute sorte de ne pas offrir aux officiers ministériels le moyen d'entreprendre des spéculations personnelles sur les immeubles vendus à la barre et de sortir ainsi de leur rôle professionnel. C'est évidemment par des considérations semblables que la Commission chargée de préparer la loi du 2 juin 1841 a refusé d'admettre la prolongation du délai de 3 jours, même en cas de jour férié.

Remarquons que si l'avoué ne peut (sous l'empire de la loi du 3 mai 1862), obtenir une prorogation de délai en cas de jour férié, il lui est facile de profiter de tout le délai qui lui est accordé, c'est-à-dire même des jours fériés qu'il renferme. Tout d'abord rien n'empêche un greffier complaisant de recevoir un jour férié une déclaration d'adjudicataire ; et s'il le fait on ne voit pas que quelqu'un ait qualité pour s'en plaindre (1). D'autre part si le greffier se refusait à recevoir de bon gré la déclaration de l'avoué, il est toujours dans le droit de ce dernier de se faire autoriser par le juge à procéder, même un jour férié, à cet acte important et essentiel qui sauvegarde sa responsabilité personnelle. Mais, dit-on, si l'art. 1037 C. pr. civ. autorise au cas d'urgence, une permission du juge c'est uniquement pour les actes d'exécution et pour les significations à faire à personne ou à domicile, il n'en est pas de même pour les actes à passer au greffe parce qu'une loi de Germinal An 10, non abrogée, défend expressément l'ouverture des greffes, les jours de fêtes légales.

L'objection est sans portée, car si le Code de procédure n'autorise effectivement la permission du juge, en cas d'urgence, que pour les significations et exécutions, la raison en est des plus simples : c'est que par les art. 63 et 1037, il n'avait défendu de faire, pendant les jours de fêtes légales que ces seuls actes de procédure et que la défense étant restreinte à certains actes, l'exception n'avait pas besoin d'être étendue en termes formels aux autres actes qu'il est

_____

(1) Chauveau et Carré, Loi de la procédure, question 2384.

permis de faire un jour de fête légale. D'autre part,
il est fortement contestable que les greffes soient
nécessairement fermés les jours de fête. Aucune
loi ne s'oppose à ce que, dans le cas d'urgence, le
greffe d'un tribunal soit ouvert un jour de fête
légale en vertu d'une permission du juge pour y
recevoir ou faire une déclaration. La loi du 18 germinal an 10, relative à l'organisation des cultes
porte bien, art. 57 : « Le repos des fonctionnaires
publics sera fixé au dimanche » ; un arrêté du gou-
vernement du 29 du même mois, désigne bien les
jours de fête qui seront célébrés en France outre
les dimanches ; mais ni cette loi, ni cet arrêté, ni
aucun règlement ne parlent de la clôture des greffes
pendant les jours fériés. Les dispositions en vigueur
sur cette matière sont celles de l'art. 90 du décret
du 30 mars 1908, concernant la police des tribunaux, et sur laquelle se sont appuyés tous les
jugements pour soutenir l'opinion contraire à celle
que nous défendons. Or, que porte cet article ?
« Les greffes de nos Cours d'Appel et ceux de nos
tribunaux de première instance seront ouverts
tous les jours, excepté les dimanches et fêtes, aux
heures réglées par la Cour ou le tribunal de première instance.... etc... » Cette exception ren-
ferme-t-elle une prohibition plus absolue que la
défense générale *d'exploiter* les jours de fête ?
Aucunement. Cependant les exploits peuvent être
faits les jours de fête en vertu de permission du
juge (C. pr. civ. art. 63) ; les greffes peuvent
donc, aussi, avec la même permission, être
ouverts pour y recevoir des actes ou des déclara-

tions que la loi ordonne de faire dans un délai déterminé (1).

Tel était, avant 1895, l'état de la question que nous venons d'exposer et la solution donnée par la Cour de Cassation. En 1895, une loi du 13-17 avril est venue remplacer le paragraphe 5 de l'art. 1033 par la disposition suivante : « Toutes les fois que le dernier jour d'un délai quelconque de procédure, franc ou non, est un jour férié, ce délai sera prorogé jusqu'au lendemain ». Quelle est la portée de ce texte ? Que faut-il entendre par « délai quelconque de procédure » ? Le délai de trois jours donné à l'avoué pour déclarer l'adjudicataire est-il compris dans cette expression ?

Ecoutons sur ce point M. Sauzet dans son rapport à la Chambre des députés du 6 avril 1895 : « L'attention de la Commission du Sénat semble avoir été particulièrement appelée sur une autre controverse. — Elle s'est préoccupée surtout de la nature des actes qui doivent être accomplis à la faveur du délai. Elle a été frappée de ce que la plupart des décisions judiciaires restreignent la règle de la prorogation aux seuls délais impartis pour « les ajournements, citations, sommations et autres actes faits à personne ou à domicile », refusant de l'appliquer, par exemple, à une déclaration au greffe [civ, cass. 31 décembre 1883, D. P. 84, 1. 179] à des actes d'avoué à avoué (Agen, 23 janvier 1894, D. P. 94, 2. 352), au renouvellement d'une inscrip-

---

(1) Cassation : 31 décembre 1883. — S. 84. 1. 445. — Vitry 1er février 1877, Journal des avoués, no 102, page 419. — Trib. d'Espalion ; 30 septembre 1876 ; D. P : 77. 5. 198.

tion hypothécaire (Trib. de Troyes, 9 mars 1892),
tandis que la Cour de Paris l'admettait « pour tous
actes judiciaires, quels que soient la personne
appelée à les revoir et le lieu où ils doivent être
accomplis ».

Elle n'a pas jugé que la formule « délai quelconque » par nous insérée dans le texte fut suffisante
pour couper court à ces incertitudes de jurisprudence. Elle y a substitué celle de « délai quelconque de procédure ». Par cette rédaction, dit le
rapport, nous entendons marquer que le bénéfice
de la prorogation doit s'étendre à tous les délais
établis, soit par le code de procédure, soit par des
lois de procédure indépendantes du code. Avec la
compréhension que nous lui attribuons, le nouveau
texte embrassera sans distinction, tous les délais
impartis pour les significations et pour les actes
judiciaires. Il s'appliquera même au délai pour la
péremption des jugements par défaut et pour celle
des instances. A nos yeux, il est utile d'étendre
sans restriction la disposition à tous les délais de
procédure... » et plus loin, le même rapporteur
ajoute : « il ne serait pas possible de tenir pour
« seul délai de procédure » ceux qui sont impartis
par la loi dans le cours d'une instance. Le Code
de procédure fixe, en effet, un certain nombre de
délais, abstraction faite de toute instance enga-
gée. » (1)

Devant des explications aussi nettes, devant la

---

(1) Rapport de M. Sauzet, le 6 avril 1895, Journal officiel du
28 avril 1895, annexes page 364, n° 1288.

clarté des termes employés, il semble bien qu'aucun doute n'est permis, et qu'il n'est pas contestable qu'actuellement l'avoué jouit d'un quatrième jour de prorogation pour faire sa déclaration quand le troisième est férié. Cependant des controverses se sont élevées sur la portée de la loi du 13 avril 1895, et les tribunaux et les Cours d'appel ont eu à statuer à plusieurs reprises sur des difficultés qui paraissaient tranchées par cette loi (1). C'est pourquoi la controverse antérieure à 1895, que nous avons peut-être exposée longuement, conserve encore son intérêt sous la nouvelle loi pour ceux qui pensent, malgré tout, que la forme inclusive de l'expression : « dans les trois jours » est un obstacle à toute prorogation de ce délai.

Section VI

L'article 707 et la loi du 22 frimaire an VII.

Les quelques notions que nous avons essayé de dégager des documents de la Jurisprudence nous permettent maintenant de nous faire une idée exacte de la nature et des conditions de la déclaration d'adjudicataire et de la distinguer nettement de

---

(1) Cass. civ., 22 juillet 1902 ; D. P. 1905, 1. 102 ; — Cass. civ., 27 avril 1900 ; D. P. 1903, 1 .118. — Trib. civ. d'Orthez, 16 mars 1906 ; D. P. 1906, 5. 42.

l'institution voisine de la déclaration de command avec laquelle on l'a quelquefois confondue. Avant d'aborder l'étude des effets de la déclaration de l'avoué, l'exposé des différences qui la séparent de l'autre, achèvera d'en préciser la notion.

I. — En toute circonstance, dans toute adjudication judiciaire, l'avoué peut choisir un adjudicataire ; c'est une conséquence de son ministère forcé ; il n'est donc pas nécessaire que le cahier des charges lui en donne le droit. C'est la loi qui, en imposant son intervention, le lui accorde implicitement. L'article 707 est d'ailleurs rédigé en des termes qui le supposent évidemment. (Cass. 24 avril 1811 ; *Journal de l'Enregistrement*, 3873 ; — Instruction du 23 avril 1816, J. E., 5483). Bien plus, le cahier des charges ne pourrait pas valablement lui enlever ce droit.

Au contraire, l'adjudicataire commandé est, lui, obligé de se réserver la faculté d'élire command dans l'acte d'acquisition, à peine de payer un second droit de mutation et de transmettre à son command un immeuble grevé de toutes les hypothèques légales ou judiciaires nées de son chef et qui s'y sont attachées pendant le court laps de temps durant lequel la propriété de l'immeuble a reposé sur sa tête.

II. — La déclaration d'adjudicataire faite par l'avoué, dans les délais, est valable et opposable à qui que ce soit, indépendamment de toute notification ou signification. La seule formalité exigée

est la déclaration au greffe ; la connaissance que
l'avoué donne ainsi de l'adjudicataire, constatée
par un acte public, reçue par un officier public et
dans un lieu perpétuellement ouvert aux recherches et aux vérifications des employés de l'Enregistrement, est sans doute la raison pour laquelle
le Code de procédure s'est borné à exiger que
l'avoué fit connaître l'adjudicataire dans les trois
jours sans exiger qu'il notifiât sa déclaration à l'Enregistrement.

Au cas de déclaration de command ordinaire, la
Régie exige en effet cette notification dans les vingt-
quatre heures, sous peine du droit proportionnel
de mutation. Passé ce délai la déclaration est considérée comme une véritable revente et ne peut
bénéficier du simple droit fixe (Cass., 13 janvier
1806 ; — Merlin : V° Décl. de command ; — Toullier : t. 8, n° 178 ; — Troplong : t. 1, n° 71). Aucune
autre formalité ne pourrait d'ailleurs suppléer la
notification voulue par la loi (Cass., 15 novembre
1813, Vittonck).

III. — La loi fiscale passe sous silence la déclaration d'adjudicataire ; le droit auquel elle donne
lieu dépend donc de sa nature juridique ; or la déclaration faite par l'avoué est un acte de son ministère obligatoire, une suite de la sentence, une formalité légale de l'adjudication, en un mot, un acte
judiciaire. Aussi le droit perçu sur cette déclaration n'est pas le droit de 4 fr. 50, perçu aujour-
d'hui sur la déclaration de command (L. de Frimaire, art. 68, 1. § 24 ; — L. du 28 février 1872,

art. 2), mais le droit de 1 fr. 50 dont sont passibles les actes innommés judiciaires. (Wahl. *Traité de Droit fiscal*).

D'autre part, la déclaration de l'avoué faite tardivement n'est pas soumise en principe au droit proportionnel de 4 %, fixé par la loi du 22 Frimaire an VII ; elle doit toujours être considérée comme une revente qui donne lieu à la perception du droit de 5 fr. 50 %, car alors l'avoué est réputé adjudicataire personnel et sa déclaration a le caractère translatif. (Garsonnet, t. VI, nᵒ 741).

En matière de déclaration de command, d'après Championnière et Rigaud (tome 3, nᵒ 1934), la mutation présumée sur laquelle est basée le droit proportionnel perçu en cas de déclaration tardive, n'est pas une vente ; et ces auteurs en ont conclu que le droit fixé à 4 % par la loi du 22 Frimaire an VII, lorsqu'il s'agit d'immeubles, ne reçoit l'addition du droit de 1 et 1 1/2 pour transcription, que lorsque l'acte est de nature à être transcrit. Cependant depuis la loi du 28 avril 1816, qui a porté le droit de vente immobilière de 4 à 5 1/2 %, la jurisprudence applique constamment ce dernier droit et reconnaît virtuellement par là que la mutation constitue une vente véritable.

IV. — Enfin, dernière différence que nous avons déjà signalée et sur laquelle nous reviendrons dans le chapitre suivant, le command ordinaire ne peut pas à son tour déclarer un autre command, une fois la déclaration faite à son profit, et ceci dans un intérêt fiscal facile à saisir. L'avoué lui, n'étant pas cónsidéré comme un adjudicataire commandé, et son adjudicataire comme un command, rien ne s'oppose à ce que cet adjudicataire fasse une déclaration de command proprement dite au profit d'une autre personne, pourvu que cette déclaration réunisse d'ailleurs les conditions prescrites par la loi : c'est-à-dire qu'elle soit faite par acte authentique, dans les vingt-quatre heures de la désignation de l'adjudicataire faite par l'avoué et notifiée à la Régie dans le même temps, et que la faculté de déclarer command ait été expressément réservée à l'adjudicataire.

Les deux institutions, différentes sur tant de points, se rapprochent cependant sur celui-ci que, pour produire leur effet ordinaire, c'est-à-dire l'économie d'un droit de mutation, elles doivent ne rien changer au contrat ou à l'adjudication ; les déclarations doivent se faire *rebus integris*, avant que l'acquéreur ou l'avoué aient exercé aucun acte de propriété, possession ou jouissance et se faire simplement pour les mêmes prix, charges et conditions du contrat d'achat ou de l'adjudication. (Cass., 31 janvier 1814 ; — Agen, 22 mai 1832 ; — Duvergier, t. 1, n° 113 ; — Troplong, t. 1, n° 72).

En somme, et malgré cette ressemblance, il existe des différences essentielles entre la déclaration de command faite en vertu de la loi du 22 Frimaire an VII et celle faite en vertu de l'art. 707 du C. de pr. civ. (C. de Colmar, 17 mai 1843 ; — Jur. gén. D. Vente publ. d'imm., n° 1717). Il importe peu que dans la pratique, la dénomination de déclaration de command serve à désigner indifférem-

ment les deux choses ; une dénomination impropre
ne peut faire confondre deux actes aussi différents
par leur nature et leurs effets ; le sens légal et propre
des expressions employées doit seul être pris en
considération, quand il s'agit d'en tirer des conséquences au point de vue de leur portée juridique.

CHAPITRE DEUXIÈME

Des effets de la déclaration d'adjudicataire

Un avoué a enchéri à la barre du tribunal ou, sur renvoi du tribunal, par devant notaire ; au lieu de déclarer immédiatement le nom de l'adjudicataire, comme il en a le droit, il met à profit la faculté qui lui est accordée par l'art. 707 (C. Pr. civ.), et dans le délai de trois jours, il fait à la suite du cahier des charges la déclaration de cet adjudicataire, en représentant son pouvoir, s'il en avait un, en fournissant, dans le cas contraire, l'acceptation de son client. Quel sera l'effet de cette déclaration que nous supposons régulière à tous les points de vue, dans la personne de l'avoué d'abord, dans celle de l'adjudicataire ensuite ? Après avoir répondu à ces deux questions, nous examinerons les difficultés relatives à la pluralité de déclarations successives et à la déclaration collective faite au profit de plusieurs dans le but de partager le bénéfice de l'adjudication. Nous dirons, enfin, un mot des cas particuliers où les effets de la déclaration d'adjudicataire se produisent même en l'absence de toute déclaration.

SECTION I. — DANS LA PERSONNE DE L'AVOUÉ

A. — Le premier effet de la déclaration d'adjucataire, d'une importance capitale pour l'avoué,
c'est de délier ce dernier de l'engagement personnel qui, provisoirement, résultait pour lui de sa
dernière enchère. Dès qu'il a déclaré son adjudicataire, il rentre dans l'ombre, et aucun lien, à moins
d'un délit de sa part ou d'une faute, ne le rattache
plus, ni au vendeur, ni à l'acquéreur, et il ne saurait en rien être inquiété, soit pour le paiement
des droits de mutation, soit pour le paiement du
prix, soit pour la garantie à raison des vices du
bien vendu. C'est celui dont le nom a été révélé
par l'avoué, c'est-à-dire son mandant ou son prétendu mandant, qui est adjucataire direct et immédiat, et c'est lui seul qui assume les charges de l'adjudication, nonobstant toutes clauses du cahier
des charges qui imposeraient des conditions particulières à l'avoué enchérisseur. On trouve, en effet,
souvent dans les cahiers des charges, une clause
ainsi conçue : « Les déclarants sont tenus de
garantir la solvabilité de la personne pour laquelle
ils se seront rendus adjudicataires à peine d'être
réputés acquéreurs en leurs noms personnels ».
Une telle stipulation ne peut être invoquée contre
l'avoué. Celui-ci remplit un rôle forcé puisque
les enchérisseurs ne peuvent se passer de son
concours et que lui-même ne peut le refuser, sans
un motif légitime ; il lui est seulement défendu de
porter les enchères pour les personnes déclarées

par la loi incapables de se rendre adjudicataires, et
pour celles qui sont notoirement insolvables, sous
peine de la nullité de l'adjudication et de tous dommages-intérêts. Ce sont là les seules obligations
imposées aux avoués enchérisseurs pour le compte
d'autrui et les seules garanties que la loi donne
contre eux, garanties que le législateur a ainsi res-
treintes dans l'intérêt de la dignité de la profession
et du libre et facile exercice du mandat de l'avoué.
Vouloir faire de celui-ci le garant, la caution de
ses clients, c'est aggraver les dispositions de la loi
qui règle les effets du mandat des avoués et ajouter une obligation onéreuse et exorbitante du droit
commun à celles que ce droit met à leur charge ;
une modification de cette importance ne saurait
trouver place dans les conventions des parties ; ce
serait livrer sans merci les avoués aux conditions
des vendeurs. Qui songerait, d'ailleurs, à exiger de
l'avoué la garantie de la solvabilité de son client,
quand ce dernier est présent à l'audience aux
côtés de l'avoué qui ne fait, en somme, que l'assister, et accepte lui-même l'adjudication ? Cette
circonstance que le nom de l'adjudicataire ne sera
connu qu'au bout de deux ou trois jours crée-t-elle
à l'avoué et aux vendeurs une situation si différente qu'elle permette d'exiger de cet officier
ministériel semblable garantie ? (Cour de Colmar,
17 mai 1843. Jur. gén. D., vente publique d'imm.,
n° 1717, page 893, titre 2, ch. 4, sect. 3, art. 3 § 1).

B. — Une question qui se rattache naturellement à celle de l'effet de la déclaration dans la per-

sonne de l'avoué, est celle de savoir quelle est, à l'égard des tiers et à l'égard du déclaré adjudicataire, la valeur d'une déclaration d'adjudicataire, quand les tiers ou le déclaré adjudicataire lui-même dénient le mandat donné à l'avoué.

Le mandat est dénié par les tiers.

Une déclaration d'adjudicataire a été dûment inscrite par l'avoué sur le cahier des charges ; mais l'avoué n'avait pas de pouvoir écrit ; l'adjudicataire a donc comparu au greffe et, assisté de l'avoué, a accepté la déclaration faite à son profit. C'est tout ce qu'exige l'article 707 ; il dispense donc par là même l'avoué de faire à l'égard des tiers toute preuve autre que celle de l'acceptation de son client. Par le fait seul de cette acceptation, le mandat est présumé avoir été réellement donné d'enchérir, et l'acceptation ne fait que le ratifier. Aucune preuve ne peut prévaloir contre cette présomption.

Le mandat est dénié par l'adjudicataire déclaré par l'avoué.

Dans ce cas les choses se passent ordinairement de la façon suivante : l'avoué qui ne peut obtenir de bon gré l'acceptation de son client ou la remise de son pouvoir, le met en demeure, par voie extra-judiciaire, d'accepter l'adjudication. Le mandant refuse et laisse passer le délai de trois jours sans accepter ; l'avoué est réputé avoir enchéri pour son propre compte, et doit acquitter au fisc le montant des droits de mutation.

Les choses en resteront-elles là et devant la mauvaise foi de son client, l'avoué n'a-t-il rien de mieux à faire qu'à chercher à tirer de son acquisition bien involontaire le meilleur parti possible ?

On l'a prétendu en disant que l'article 707 exige la preuve écrite du mandat en vertu duquel la déclaration est faite, et que dans ce cas cette déclaration est opposable aussi bien à l'avoué et à l'adjudicataire qu'aux tiers; en l'absence d'un mandat régulier écrit, l'avoué n'a qu'à s'incliner et garde pour lui le profit ou la charge de l'adjudication.

« Quelquefois l'avoué se contente d'un pouvoir verbal de son client, dit Colmet d'Aage, mais il faut alors qu'il connaisse bien le client et ait confiance en sa loyauté. Autrement si l'adjudicataire s'apercevait qu'il a fait une mauvaise affaire, niait le mandat qu'il a donné, ou prétendait qu'il n'a pas autorisé l'avoué à pousser les enchères jusqu'à la somme pour laquelle l'adjudication a eu lieu, l'avoué serait réputé adjudicataire en son nom personnel » (1). Dans son Commentaire de l'art. 707 du C. de proc. civ., Thomines-Desmazures (2, art. 709, n° 788-789) dit que « cet article apprend aux avoués qu'il est de leur intérêt, lorsqu'ils sont requis de mettre aux enchères pour leurs clients, de se faire donner un pouvoir écrit, afin de le joindre à la minute de la déclaration, car, en déposant dans les trois jours ce pouvoir, ils ont rempli leur mission et ne peuvent être inquiétés... Si l'avoué se contente d'un pouvoir verbal, il s'expose à ce que l'enchérisseur le méconnaisse...; en ce cas l'avoué ne

(1) COLMET D'AAGE. *Leçons de Procédure civile*, t. II.

sera pas admis à faire preuve par témoins; elle n'est pas reçue d'un mandat verbal au-delà de 150 fr. En vain, l'avoué voudrait-il prétendre se retrancher dans sa qualité, parce que le mandat légal des avoués ne leur donne pas le droit d'enchérir sans un pouvoir spécial; c'est à eux de le représenter ».

Nous avons dit plus haut ce que nous pensons de la théorie qui veut que l'avoué ne puisse faire une déclaration d'adjudicataire sans en avoir reçu le mandat; nous n'y reviendrons pas. Qu'il nous suffise de faire remarquer que l'art. 707 est étranger aux rapports de l'avoué et de l'adjudicataire; en fixant les formes de la déclaration d'adjudicataire, il a seulement pour but d'indiquer à quelles conditions cette déclaration pourra être opposée aux tiers et notamment au fisc; contre ces derniers la déclaration fait preuve par elle-même, indépendamment de tout autre moyen, de la sincérité de tout son contenu et entre autre du mandat donné à l'avoué. A l'égard de l'adjudicataire, la situation de l'avoué ne peut pas être la même, évidemment; elle ne peut pas être meilleure que celle d'un mandataire ordinaire, mais non plus être plus mauvaise. C'est pourquoi nous estimons qu'en cas de contestation de la part de l'adjudicataire, l'existence du mandat peut être établie par l'avoué conformément au droit commun, notamment par la preuve testimoniale, si l'enchère ne dépasse pas 150 francs, ce qui est rare dans une vente d'immeubles, mais non impossible, ou s'il existe un commencement de preuve par écrit, ce qui est

plus fréquent, les tribunaux étant souverains pour
apprécier s'il y a commencement de preuve par
écrit. La jurisprudence fournit un seul exemple de décision rendue sur la question, dans un
jugement du tribunal civil de Bordeaux du 30 juillet 1873, qui relève un certain nombre de faits pouvant être considérés comme constituant un commencement de preuve par écrit. Dans l'espèce,
l'avoué, ayant enchéri sans avoir un mandat *écrit*,
demandait à faire la preuve par témoins du mandat verbal. « Attendu, dit le jugement, que nous
transcrivons en entier, que dans l'interrogatoire
du 11 juillet courant, Gros a reconnu : 1° que le
1er avril 1873, jour de l'adjudication de la maison
rue Tranchère, n° 20, il est venu au palais, s'est
entretenu avec Me Barroy son avoué, s'est placé
dans la salle d'audience à la place que celui-ci lui
a indiquée ; que Me Barroy s'est tenu auprès de
lui pendant les enchères, les a suivies et est resté
adjudicataire au principal de 7.100 fr. ; 2° que le
lendemain de cette adjudication, il s'est rendu dans
l'étude de Me Barroy ; que deux jours après, Barroy
lui ayant écrit de venir dans son étude, sa mère,
en son absence, s'empressa de s'y rendre ; qu'il
reçut une lettre chargée par Barroy et dans laquelle
celui-ci lui rappelait que la déclaration de command avait été faite en son nom et le prévenait
des délais dans lesquels il devait remplir les charges de l'adjudication ; qu'après cette lettre et au
retour de son voyage, il vint de nouveau à l'étude
de Barroy ; — 3° que postérieurement à l'adjudication, il a accompagné dans la maison rue Tranchère,

une tierce personne qui voulait l'acheter et qu'il la lui a fait visiter. Attendu que l'ensemble de ces faits reconnus rend au plus haut degré vraisemblable le fait allégué par Barroy qu'il avait reçu mandat de Gros pour enchérir la maison, rue Tranchère et qu'il a achetée pour lui ; — que le mandat donné d'enchérir peut seul expliquer que Barroy eût indiqué à Gros la place qu'il devait occuper dans la salle d'audience pour être en relation constante avec lui pendant la durée de l'adjudication et l'occupation de cette place par Gros ; — que l'acquisition de la maison a pu seule déterminer ses démarches réitérées dans l'étude de Barroy et le soin qu'il a pris de faire visiter la maison à des acheteurs qu'il a recherchés ; que ces circonstances ne sont pas, il est vrai, la preuve complète du mandat que Gros désire avec persistance, mais qu'elles sont un commencement de preuve...etc...» Ce jugement fut confirmé par arrêt de la Cour de Bordeaux du 10 décembre 1873, contre lequel un pourvoi en Cassation fut introduit et rejeté par la Chambre des Requêtes le 13 juillet 1874. (1)

L'avoué dispose donc de tous les moyens de droit commun pour faire la preuve du mandat qui lui avait été verbalement donné d'enchérir et conséquemment de déclarer l'adjudicataire. Cette preuve étant faite, que se passe-t-il ? — Le délai de trois jours est expiré ; la déclaration au profit de l'adjudicataire récalcitrant et l'acceptation de ce dernier ne sont plus possibles. L'avoué, réputé

(1) D.-P. 75 1. 104.

adjudicataire au bout des trois jours, est devenu propriétaire et a dû acquitter les droits de mutation. La seule solution est celle d'une revente de l'avoué à l'adjudicataire, revente passible d'un nouveau droit, cela ne fait aucun doute, et qui s'ajoutera au premier et aux frais de l'adjudication dont l'avoué doit être entièrement remboursé. Il dépendait d'ailleurs de l'adjudicataire d'éviter cette solution onéreuse ; il n'a qu'à s'en prendre à lui-même des conséquences de sa mauvaise volonté ou de sa mauvaise foi.

Au point de vue de la preuve, la situation de l'adjudicataire déclaré qui dénie absolument le mandat ou en conteste les termes et la portée, est bien moins avantageuse que celle de l'avoué. Tandis que ce dernier a en effet à sa disposition tous les moyens de droit commun pour prouver le mandat dont il se prétend chargé, une seule voie est ouverte à l'adjudicataire pour se dégager des liens de l'adjudication tranchée à son profit; c'est celle du désaveu.

Il ne lui suffit pas en effet d'exciper de l'absence de mandat ou de l'abus qui en a été fait, pour faire tomber les effets de l'adjudication ; il reste bel et bien adjudicataire au regard de tout le monde, des tiers, du fisc et des vendeurs si l'avoué a produit un mandat, fût-il faux ou conçu en termes équivoques. Il se trouve donc dans l'obligation d'intenter contre l'avoué une action en désaveu.

On l'a cependant contesté en prétendant que, l'article 707 faisant à l'avoué une obligation de représenter un pouvoir spécial sous peine d'être déclaré personnellement adjudicataire, la déclaration d'adjudicataire ne peut jamais donner lieu au désaveu.

En effet, si la personne déclarée adjudicataire par l'avoué n'a pas donné mandat d'enchérir, il sera impossible à l'avoué de représenter son pouvoir, et la déclaration ne sera pas reçue. Si cette déclaration a néanmoins été reçue, il suffira pour la faire tomber d'invoquer l'article 707, Code procédure civile ; une déclaration intervenue en violation de ce texte doit être frappée de nullité (V. Jur. gén., D.; vº Vente publique d'immeubles, nº 1711). La seule constatation de l'absence de pouvoir spécial doit ainsi suffire sans qu'il faille recourir à la procédure du désaveu. Il serait étrange d'imposer cette procédure à une partie qui n'a donné aucun mandat de faire un acte dont la validité est subordonnée par la loi à la représentation d'un pouvoir exprès.

Cette argumentation invoquée devant la Cour de Cassation (Chambre des Requêtes, 5 décembre 1898; D. P., 1900, 1. 65) n'a pas été suivie par elle. Et dans son arrêt la Cour n'a point estimé qu'on dût assimiler la déclaration d'adjudicataire aux actes très graves rentrant dans la classe de ceux pour lesquels le désaveu est inutile.

On sait, en effet, qu'on distingue au point de vue du désaveu plusieurs catégories d'actes : 1º ceux qui rentrent dans le mandat ordinaire de l'avoué, qu'il peut faire sans pouvoir spécial et qui ne peuvent faire l'objet d'un désaveu; 2º ceux que l'avoué ne peut faire sans un mandat spécial, mais pour lesquels l'existence de ce mandat spécial est présumée, de telle sorte que la partie ne peut faire tomber ces actes que par le désaveu ; 3° enfin les actes que l'avoué ne peut faire sans un mandat spécial lequel, à raison de l'importance de ces actes, n'est pas présumé. Tel est le cas de l'inscription de faux, du règlement de juges, de la récusation, du désaveu, de l'acquiescement, du serment décisoire. Lorsque l'avoué a engagé sans pouvoir une de ces procédures ou fait un de ces actes, il suffit au client, pour les faire annuler, de déclarer qu'il n'a pas donné pouvoir à cet effet.

Or, c'est dans cette dernière catégorie que le pourvoi, objet de l'arrêt de la Cour suprême du 5 décembre 1898 s'efforçait de faire rentrer la déclaration d'adjudicataire ; mais la Cour a repoussé cette manière de voir, l'absence complète de pouvoir spécial donné à l'officier ministériel ne pouvant être à ses yeux un motif déterminant.

D'une part, en effet, cette absence de pouvoir n'avait point empêché qu'en fait, ceux pour qui la déclaration de command avait été faite ne fussent considérés adjudicataires. D'autre part, il est admis que le désaveu ne s'applique pas seulement en cas où l'officier ministériel, dépassant les limites du mandat à lui conféré, a fait, sans pouvoir, un des actes énumérés par l'article 352, C. pr. civ. ; il y faut recourir aussi dans le cas où l'avoué a agi au nom d'une personne sans avoir reçu d'elle aucune espèce de mandat (V. Boitard et Colmet d'Aage, *Leçons de Procédure civile*, 15ᵉ édit., n° 540, p. 609).

La question nous semble désormais tranchée : l'adjudicataire déclaré qui veut obtenir la nullité de la déclaration faite en son nom, doit nécessairement employer contre l'avoué enchérisseur la procédure du désaveu s'il veut faire disparaître tous les effets de cette déclaration.

Section II. — Dans la personne de l'adjudicataire

A. — L'adjudication prononcée au profit de l'avoué surenchérisseur a dessaisi le vendeur de sa propriété ; la déclaration d'adjudicataire en fait passer le bénéfice, du jour même de l'adjudication, sur la tête de celui dont le nom a été déclaré par l'avoué, sous réserve, bien entendu, d'une surenchère qui pourrait survenir dans les délais. Il suit de là plusieurs conséquences : les fruits et revenus produits dans l'intervalle des trois jours sont sa propriété ; si le cahier des charges stipule les intérêts du prix à compter du jour où l'adjudicataire sera propriétaire, les intérêts sont dus depuis le jour de l'adjudication ; enfin, conséquence que l'on a quelquefois trouvée bizarre et inattendue (1), l'adjudicataire, étant seul propriétaire du jour de l'adjudication, peut nommer un command (Loi du 11 frimaire an VII) dans le délai de 24 heures, si la réserve en a été faite à son profit.

(1). Genin. Des attributions des avoués dans les ventes judiciaires. Thèse, Paris, 1907.

B. — Cette conséquence si naturelle de l'effet de la déclaration de l'avoué et du rôle purement officiel joué par ce dernier n'a pas cependant été admise sans difficultés.

a) La Régie de l'Enregistrement, considérant l'avoué comme un adjudicataire commandé, a longtemps soutenu que l'adjudicataire déclaré par l'avoué étant lui-même un command ne pouvait nommer à son tour un deuxième command. L'espèce, objet des observations de la Régie, était la suivante :

Le 20 juillet 1809, le sieur Savary, fondé de pouvoir de la dame de Montmorency, se présente au greffe du tribunal civil de Caen et déclare constituer Me Loriot pour son avoué, à l'effet d'enchérir dans la vente qui va se faire par expropriation forcée d'une ferme appartenant au sieur Damont. Le même jour cette ferme est adjugée à Me Loriot, *avec réserve de la faculté du droit de command.* Immédiatement après, le sieur Loriot se présente au greffe et déclare qu'il a enchéri en sa qualité d'avoué pour le compte de la dame de Montmorency. Le Sr Savary comparaît également et déclare, en sa qualité de fondé de pouvoir de la dame de Montmorency, accepter l'adjudication, en se réservant d'user du droit de command dans le délai de la loi. Le même jour et en vertu de cette réserve le sieur Savary passe au greffe, toujours en sa qualité de fondé de pouvoir de la dame de Montmorency, un acte portant que l'adjudication est pour le compte et au profit du sieur de Chastenay représenté par le sieur Tatain, son mandataire, lequel par le même acte accepte cette déclaration. Tous ces actes sont notifiés dans les 24 heures au recc- veur d'Enregistrement qui n'en perçoit pas moins deux droits proportionnels d'enregistrement, pour ce motif que « d'après la réserve faite lors de « l'adjudication, l'avoué était censé adjudicataire ; « que la déclaration par lui passée au greffe le mê- « me jour avait épuisé la réserve de nommer un « command et que la seconde déclaration faite « par le Sr Savary n'était qu'une rétrocession au « profit du Sieur de Chastenay ».

Ce dernier protesta auprès de la Régie, en récla- mant la restitution du second droit proportionnel ; la Régie maintenant ses prétentions, il dut s'adres- ser à la Justice et par jugement du 10 août 1810, le tribunal civil de Caen « condamnait la Régie de l'Enregistrement à restituer le droit de mutation perçu sur la déclaration de command, faite par la dame de Montmorency, au profit du sieur de Chas- tenay », pour les motifs suivants :

1° L'article 68 de la loi du 22 frimaire an VII, n° 24, porte : les déclarations ou élections de com- mand ou d'ami, lorsque la faculté d'élire un com- mand a été réservée dans l'acte d'adjudication ou le contrat de vente et que la déclaration est faite par acte public et notifiée dans les 24 heures de l'adjudication ou du contrat... etc. ;

2° Le code de procédure civile n'a rien changé à cette faculté, mais, afin de stabiliser d'une manière plus certaine la mise aux enchères a décidé par l'article 707 que les enchères seront faites par le ministère d'avoué à l'audience ;

3° L'avoué agit dans cette partie comme dans toutes autres fonctions de son ministère et il ne peut être assimilé à l'adjudicataire usant de la faculté d'élire un command ainsi que le désigne la loi du 22 frimaire, parce que celui-ci n'a que 24 heures pour passer sa déclaration et que par l'art. 709 du Code (actuellement 707) l'avoué a trois jours pour faire connaître ses pouvoirs ; d'où il suit qu'il n'y aurait pas de raison pour l'assimiler à l'adjudicataire ; autrement, les deux lois en vigueur seraient inconciliables, puisqu'en exécucutant l'une, l'avoué serait en contradiction avec les dispositions de l'autre.

La Régie de l'enregistrement ne se rendit pas à ces raisons et se pourvut en Cassation contre le jugement du tribunal de Caen. « En principe, soutient-elle devant la Cour, il ne peut y avoir dans aucun cas deux déclarations de command successives pour le même objet ; la seconde est toujours considérée comme rétrocession. Dans les adjudications judiciaires, c'est parmi les avoués que l'acquéreur doit choisir son mandataire, tandis que dans les ventes volontaires son choix est libre. C'est la seule différence qui paraisse exister entre l'avoué enchérisseur et le fondé de pouvoir qui acquiert. Or une fois que le mandataire légal a nommé le véritable adjudicataire, la vente est consommée et parfaite par l'acceptation de ce dernier qui ne doit plus avoir la faculté de choisir, à son tour, un nouvel acquéreur. Dans la vente volontaire, la déclaration, une fois faite, tout acte est réputé vente, et où il y a parités de circonstances, il doit y avoir parité de principes ».

Par arrêt du 24 avril 1811, la Cour de Cassation, faisant justice des prétentions de la Régie rejeta son pourvoi en se basant sur ce motif que « Loriot n'a « enchéri qu'en se réservant le droit de command « pour le compte et en sa qualité d'avoué de la « dame de Montmorency, et qu'il la représentait « dans tous les actes ; qu'ainsi entre lui et ladite « dame formant une même personne juridique « n'a pu avoir lieu aucune mutation de personne ».

Dans l'espèce que nous venons de rapporter, les circonstances étaient particulièrement défavorables à la théorie de la Régie, puisque toutes les conditions exigées pour la validité de la déclaration de command se trouvaient remplies : réserve dans le contrat, déclaration et notification dans les 24 heures de l'adjudication, puisque l'avoué enchérisseur n'avait pas profité du délai de 3 jours et avait cru devoir faire sa déclaration le même jour. Si l'on pousse cependant jusqu'au bout les conséquences de ce principe que l'avoué n'est pas adjudicataire pour son compte, il faut admettre qu'il ne le devient pas plus dans les trois jours qu'il ne l'était le premier ; et qu'ainsi le délai de 24 heures imparti par la loi de frimaire court non pas du moment de l'adjudication, mais seulement de la déclaration faite par l'avoué et par laquelle la propriété est attribuée à son adjudicataire, qu'elle soit faite d'ailleurs le 1er, le 2e ou le dernier jour.

Ici encore l'Administration de l'Enregistrement,

toujours jalouse de ses prérogatives, fut longtemps réfractaire à admettre cette conséquence. (1).

Elle soutint à maintes reprises que, le délai de 24 heures partant du jour de l'adjudication, on ne pouvait, sans violer la loi, rejeter ce point de départ au moment de la déclaration faite par l'avoué. L'avoué, en effet, mandataire judiciaire, ne forme qu'une seule personne avec son client, et ce dernier est propriétaire de l'immeuble adjugé à son avoué dès l'instant de l'adjudication, dès l'instant du jugement. Puisque l'avoué est tenu de déclarer dans un certain délai *le nom de son adjudicataire*, il faut bien qu'il y ait eu adjudication, adjudication parfaite du moment où elle a été prononcée. D'ailleurs s'il en était autrement, le délai de 20 jours pour l'enregistrement de l'adjudication ne devrait pas courir du jour du jugement, mais de celui de la désignation de l'adjudicataire et jamais on n'a élevé une prétention semblable, qui serait en opposition avec l'article 20 de la loi du 22 Frimaire an VII. L'adjudicataire peut bien déclarer un command, mais dans le délai de 24 heures à dater du contrat, c'est-à-dire du jugement d'adjudication, car c'est ce jugement qui le rend propriétaire.

La théorie de la Régie repose sur cette idée que l'adjudication est parfaite dès qu'elle est prononcée. Nous estimons, au contraire, que jusqu'à la déclaration d'adjudicataire l'adjudication est imparfaite, tant que l'adjudicataire n'est pas nommé,

---

(1) Cass. 19 germinal an XII, Journal des Avoués, t. 20, page 27.

pendant les trois jours de l'article 707, tout est
incertain. Cette proposition est tellement vraie,
que l'avoué peut à l'expiration du délai nommer
qui il lui plaît; il peut même ne nommer personne
et alors c'est lui qui demeure définitivement adjudicataire; il peut, s'il le veut, ne pas nommer celui
dont il avait reçu le mandat, en indiquer un autre
à la place et c'est ce dernier qui devient adjudicataire. La loi s'en rapporte à sa bonne foi. Il y a donc
incertitude sur la personne de l'adjudicataire, tant
qu'il n'est pas nommé; c'est à ce moment seulement que se forme, par l'acceptation de l'adjudicataire, l'engagement de ce dernier de remplir les
charges de l'adjudication (1), et c'est par conséquent de ce moment que commencent à courir les
24 heures accordées pour la déclaration de command. Avant, l'adjudicataire ne peut agir, puisque
sa qualité n'est pas fixée, qu'il n'est même pas
connu.

Ainsi se concilient, à notre avis, les deux dispositions de l'article 707 et de l'article 68 de la loi de
Frimaire. Les fonctions d'avoué n'existant pas
lorsque cette loi fut promulguée, l'adjudication
avait lieu à l'audience sur la réquisition même de
l'adjudicataire. De là vient qu'on n'accorda de délai
que pour l'élection de command. Mais les avoués
ayant été rétablis par la législation postérieure, et

_____

(1) Quand nous disons que le contrat *se forme* au moment
de la déclaration, nous ne prétendons pas qu'il ne peut produire d'effets que postérieurement à cette déclaration. Nous
admettons au contraire qu'il rétroagit au jour de l'adjudication;
mais là n'est pas la question.

leur ministère étant devenu nécessaire pour enchérir, il a bien fallu fixer un délai pour la déclaration à faire par l'avoué de l'adjudicataire. L'article 709 fixa à trois jours ce délai qui est étranger
à la partie et ne concerne que l'officier ministériel. Ces distinctions, il est vrai, ne sont pas dans
les lois. Mais il faut bien admettre qu'en accordant
trois jours à l'avoué de l'adjudicataire, le législateur n'a pas voulu priver ce dernier du droit que
lui donne l'article 68 de la loi de l'an VII. Cela paraît évident ; s'il avait voulu abolir cette faculté,
absolument indépendante de la disposition de l'article 707, il en aurait fait l'objet d'une disposition
législative spéciale, puisque ces deux dispositions
ne se détruisent pas l'une l'autre, mais peuvent au
contraire, parfaitement s'accorder (1).

C. — Le principe une fois admis de la possibilité d'une déclaration de command pour l'adjudicataire déclaré dans les 24 heures de la déclaration de l'avoué, se pose la question de savoir où,
dans quel acte, doit être faite la réserve de déclarer command exigée par la loi. Les uns prétendent
que c'est dans la déclaration de l'avoué ; d'autres
dans le cahier des charges ; d'autres encore dans
le procès-verbal d'adjudication.

A l'appui de la première opinion on fait valoir
cette considération, que nous venons de rencontrer, que, au cas où l'adjudication a été faite à un
avoué qui déclare son adjudicataire dans les trois

_____

(1) Cass., 25 février 1823. SIREY : 23. 1, 159.

jours, le contrat ne devient parfait avec ce dernier que du jour de la déclaration. C'est donc seulement dans cette déclaration qui consomme l'adjudication à l'égard de l'adjudicataire, que l'avoué est tenu de réserver la faculté de déclarer command. Ainsi il est satisfait aux termes impérieux de la loi qui n'admet pas de déclaration de command qui n'ait été stipulée dans l'acte même de vente, la déclaration de l'avoué faisant partie essentielle de l'acte d'adjudication, puisqu'elle est destinée à lui donner la perfection qui lui manque ; que serait-ce, en effet, qu'une adjudication sans désignation de l'adjudicataire ? Ces raisons que la Cour de Cassation a fait siennes dans un arrêt du 1er février 1854 (1) ne sont cependant pas exemptes de critiques :

Deux principes bien simples paraissent dominer la question ; le premier, c'est que l'avoué enchérisseur et l'adjudicataire pour lequel il déclare avoir enchéri ne sont, aux yeux de la loi, qu'une seule et même personne ; c'est le commettant lui-même qui enchérit par l'organe de son avoué dont le ministère est forcé ; le deuxième principe, c'est que, pour pouvoir jouir de la faculté de déclarer un command à la suite d'une adjudication, il faut en avoir fait la réserve dans l'adjudication même, condition rigoureuse, littéralement prescrite par la loi et à laquelle il n'est pas dérogé par l'article 707 du Code de Procédure.

Quelle est la conséquence de ces deux principes ? Si le commettant de l'avoué avait enchéri par lui-

---

(1) Sirey : 54. 1. 266 ; — D. P. : 54. 1. 72.

même; si, par lui-même, il était devenu adjudicataire, sans se réserver, *dans l'adjudication*, la faculté
de déclarer un command, très certainement, il ne
pourrait pas user de cette faculté; ou, du moins,
s'il en usait, la déclaration de command qu'il ferait
serait considérée comme une rétrocession et don-
nerait ouverture à un droit de mutation. Eh bien,
l'avoué n'est dans les enchères et dans l'adjudication qu'une seule et même personne avec celui au
nom duquel il enchérit. L'adjudication faite à
l'avoué est donc censée faite à son commettant et
reste soumise aux mêmes règles que si elle était
faite au commettant de l'avoué. Or, si l'adjudication était faite à ce commettant, la déclaration de
command qu'il ferait ensuite, devrait avoir été expressément réservée dans l'adjudication ; il en est
donc nécessairement de même de la déclaration de
command faite à la suite de l'adjudication à l'avoué;
point de déclaration de command, si la faculté n'en
a été réservée dans l'adjudication.

Or la difficulté est de savoir à quel moment il y
a adjudication, ou mieux, à quel moment l'adjudication est parfaite. Nous avons soutenu nous-
mêmes que c'est la déclaration de l'avoué qui
donne la perfection à l'adjudication ; s'ensuit-il
que l'on peut encore, dans cette déclaration. réserver la faculté de déclarer un command, tout en
restant dans les termes de la loi de Frimaire ? Nous
ne le pensons pas ; la déclaration de l'avoué consomme *au regard de l'adjudicataire* l'adjudication,
puisque sans elle il ne serait jamais propriétaire ;
mais en elle-même, l'adjudication est parfaite, par

le prononcé du jugement. Pour qu'il en fût autrement, il faudrait que l'adjudication *considérée en elle-même* dépendît de l'acceptation qu'en fait celui qui est déclaré par l'avoué ; or, il est bien certain qu'elle n'en dépend pas. Ou l'avoué adjudicataire avait pour enchérir un pouvoir écrit de son commettant, ou il n'avait qu'un pouvoir verbal, ou même n'avait pas de pouvoir. Dans le premier cas le commettant est lié avec l'adjudication faite à l'avoué et son acceptation est inutile ; dans le deuxième, l'acceptation est nécessaire pour lier l'adjudicataire, mais elle ne l'est nullement pour faire valoir l'adjudication ; qu'il l'accepte ou qu'il ne l'accepte pas, l'adjudication conserve toute sa force, tout son effet ; seulement, s'il ne l'accepte pas, elle reste pour le compte de l'avoué. Sa validité, sa perfection ne dépendaient donc pas de la déclaration de l'adjudicataire, acte postérieur à l'adjudication dans lequel, par conséquent, ne peut être insérée une réserve de command.

D'autre part, et c'est la seconde opinion, l'adjudicataire ne peut évidemment pas à lui seul changer les conditions de son adjudication, ni rendre meilleure la situation qui lui a été faite par le jugement d'adjudication (1). Or, c'est ce qui arriverait si dans un acte postérieur à l'adjudication, étranger aux vendeurs, dans un acte absolument personnel et unilatéral comme une déclaration, il pouvait réserver la faculté de command et se délier ainsi, tout seul, des obligations qu'il avait

(1) Trib. de Mâcon. S. 54. 1. 266. D. P. 54-1-72.

contractées en se rendant adjudicataire. (Orléans, 2 février 1849) (1).

« Tout acte d'adjudication d'immeubles, dit l'arrêt de la Cour d'Orléans, forme comme tout acte de vente entre le vendeur et l'acquéreur, un véritable contrat synallagmatique qui les oblige réciproquement l'un envers l'autre et qui ne peut conséquemment être rompu que de leur commun consentement ; de là, il suit que la faculté de déclarer un command ne peut être exercée par l'adjudicataire qu'autant qu'elle est autorisée par la loi, comme dans le cas prévu par l'article 707 du Code de Procédure civile, ou qu'elle lui a été formellement réservée par le cahier des charges ou par l'acte d'adjudication. »

Le cahier des charges, en effet, est la loi des parties ; il n'est en somme, comme le dit M. Garsonnet (2) qu'une convention passée entre le vendeur de l'immeuble, c'est-à-dire au cas de vente sur saisie, le créancier poursuivant et l'acheteur, c'est-à-dire l'enchérisseur au profit duquel l'adjudication est prononcée. Jusqu'au jour de l'adjudication, les vendeurs et les intéressés sont invités à faire à ces conventions toutes les observations, tous les dires qui leur paraissent utiles à la sauvegarde de leurs intérêts ou au succès et à la sincérité de la vente. Mais une fois l'adjudication tranchée, le cahier des charges est immuable ; c'est sur sa teneur que l'on se basera pour savoir si les conditions de la vente

---

(1) SIREY. 49. 2. 588.
(2) GARSONNET, 4, § 174.

ont été remplies et s'il y a lieu de demander la folle-enchère.

Rigoureusement donc, à notre avis, c'est dans le cahier des charges, et dans le cahier des charges uniquement que doit être réservée la faculté de déclarer command.

Cette solution n'est pas celle du plus grand nombre. On admet, en général, qu'une réserve de command faite par l'avoué même à l'audience, au moment où les immeubles lui sont adjugés est valablement faite, puisque le procès-verbal d'adjudication fait partie intégrante de l'adjudication et que la loi de frimaire exige seulement que la réserve soit faite dans l'adjudication. Le procès-verbal d'adjudication, dit-on, est un acte complexe qui se compose de plusieurs actes comme d'un cahier de charges, d'une réception d'enchères, d'un procès-verbal d'adjudication ; il importe peu sous laquelle de ces diverses phases de la procédure, la réserve de command soit placée, parce que toutes concourent à former le procès-verbal de vente (décision ministérielle du 25 juin 1819) ; elle pourrait donc être faite même au moment de l'enchère (décision de la Régie du 26 juin 1816) (1 .D'ailleurs puisque dans les ventes volontaires il est indifférent que la faculté d'élire command soit réservée dans le cahier des charges ou dans le procès-verbal d'adjudication, il doit en être de même dans les ventes judiciaires (2). « Si l'enchérisseur n'agissait

_____

(1) Dalloz. J. G. Enregistrement, 2576.
(2) Dictionnaire des droits d'Enregistrement V° Command,

« que par commande, l'avoué devrait le déclarer
« et en faire la réserve dans l'adjudication même »,
c'est-à-dire dans l'acte d'adjudication [Thomines-
Desmazures] (1).

Nous ne saurions partager cette opinion. On
pourrait bien, il est vrai, soutenir que le tribunal
devant lequel la vente est faite, tient la place des vendeurs, et peut à ce titre, dans une certaine mesure,
accorder à l'avoué une faculté qui, en somme, ne
change rien aux conditions essentielles de la vente,
puisqu'elle ne fait que permettre de substituer
l'acquéreur réel à l'acquéreur apparent et que la
personnalité de l'acquéreur importe peu aux vendeurs. Mais nous pensons qu'il vaut mieux laisser
aux vendeurs toute liberté, car ils sont le plus souvent mieux à même de juger des conditions dans
lesquelles doit se faire la vente. Et d'ailleurs, s'il
fallait s'engager dans cette voie, nous ne voyons pas
par quelles raisons on repousserait ensuite l'intervention d'un tribunal qui modifierait les conditions
les plus essentielles de la vente, telles que la mise à
prix ou le mode de paiement.

L'opinion de Demante nous semble devoir être
la conclusion de toute cette controverse. « Pour la
parfaite régularité, dit-il, il convient d'insérer la
réserve dans le cahier des charges dont le jugement
d'adjudication ne sera autre que la copie (art. 712,
964, 988, C. proc. civ.) ; on peut admettre encore

n° 82 ; — Trib. de Marseille, 19 février 1858 ; D. P, : 58. 3. 54. 55 ;
— Garnier : Rép. gén. Enregt. n° 3954
(1) Thomines-Desmazures, t. 2, art. 709 ; — Merlin V°
Command.

que la réserve soit stipulée par l'adjudicataire déclaré incontinent à l'audience ; mais il est au moins
douteux (nous disons qu'il n'est pas possible) que
dans sa déclaration faite au greffe, l'avoué de l'adjudicataire puisse encore stipuler pour son client
la réserve de déclarer command. Le vendeur doit
consentir à la réserve ; or, dans ce dernier cas, il
n'apparait pas de son consentement » (1).

Lorsque dans un cahier des charges, il a été stipulé que l'adjudicataire aurait la faculté de déclarer command, est-il nécessaire que la déclaration
de l'adjudicataire, faite par l'avoué, reproduise la
réserve de la même faculté, pour que la déclaration de command ne soit passible que du droit
fixe ? (2).

La Régie avait prétendu à une certaine époque
(3), que la réserve de déclarer command ne pouvait être stipulée que par l'acquéreur lui-même ;
que cette faculté lui est exclusivement personnelle,
et que la clause d'une adjudication de biens immeubles par laquelle un vendeur réserve cette
faculté aux adjudicataires ne peut dispenser ces
derniers de faire eux-mêmes cette réserve au moment de l'enchère ou de la déclaration de l'adjudicataire, et que, par conséquent, lorsque cette réserve
n'avait pas été faite par eux-mêmes ou par l'avoué

(1) DEMANTE, t. 1, n° 229.
(2) Trib. de Vendôme : 12 juillet 1862. *Journal des Avoués*,
88, page 274.
(3) Décision du Ministre des Finances du 11 janvier 1814 ;
S. 1814, 2, 288.

en leur nom, la déclaration de command, quoique faite dans les délais, devait être considérée comme rétrocession.

L'Administration de l'Enregistrement est revenue de ses prétentions qui n'étaient pas justifiables (1). Nulle part, en effet, la loi n'ordonne que la réserve de command soit faite à la fois dans le cahier des charges et dans un autre acte. Sur quoi se fonderait-on pour l'imposer ? L'avoué est censé avoir été le mandataire de l'adjudicataire qu'il déclare et qui, en acceptant purement et simplement l'adjudication, profite nécessairement de toutes les stipulations contenues dans le cahier des charges, qui ne fait qu'un avec l'adjudication. Le cahier des charges constitue, de la part des vendeurs, une pollicitation, l'offre d'un marché sous un certain nombre de conditions entre lesquelles le choix n'est pas possible. Ne serait-il pas illogique d'exiger d'un adjudicataire l'acceptation expresse d'une condition qu'il n'est pas libre de repousser.

C. Presque tous les cahiers de charges contiennent la réserve de la faculté de command au profit de l'adjudicataire ; mais c'est plutôt une clause de style et de tradition qu'un avantage recherché et précieux offert aux acquéreurs. Ce mode de procéder est en effet assez rare, et son utilité paraît se confondre avec celle de la déclaration de command. Cependant il est quelquefois employé lorsque, pour éviter à un adjudicataire une surenchère

_____

(1) Décision du Ministre des Finances du 25 juin 1819.

du sixième et une remise en vente plus onéreuse, on veut dissimuler le nom du véritable adjudicataire le plus longtemps possible pendant le délai de surenchère. Les tiers ne connaissent en effet que l'adjudicataire, *primus*, révélé par l'avoué ; si cet adjudicataire déclare command à *secundus*, dans les 24 heures, par acte notarié, personne en dehors des parties à l'acte de command ne connaît le véritable adjudicataire, qui ne se révèlera que lorsqu'il n'aura plus à redouter les effets d'une surenchère (1).

SECTION III. — DÉCLARATION FAITE SUCCESSIVEMENT

AU PROFIT DE PLUSIEURS ADJUDICATAIRES

Nous avons indiqué dans notre premier chapitre que le principe de la stipulation pour autrui nous permettrait de résoudre quelques difficultés qui seraient inexplicables par l'idée de mandat. En voici un exemple frappant. L'adjudicataire nommé par l'avoué refuse de ratifier la déclaration faite par ce dernier ; l'avoué va-t-il garder pour son compte la charge de l'adjudication ou pourra-t-il chercher un autre acquéreur et le déclarer sans encourir la perception d'un nouveau droit de mutation ? Dans la théorie, qui prétend que l'avoué

---

(1) GLASSON. — *Précis de Procédure civile* tome 2, p. 310, note.

n'est qu'un mandataire, il semble difficile de l'accorder. Comment le second adjudicataire déclaré a-t-il pu donner mandat, puisque c'est par la volonté et le refus de l'adjudicataire précédent qu'il profite de l'adjudication, volonté et refus qu'il n'avait pu prévoir. C'était l'avis de la Régie dans une délibération du 2 décembre 1814 : « Si l'adjudicataire désigné refuse, l'avoué, quoique dans les délais, ne peut plus en nommer un second, parce qu'alors il est évident que ce dernier n'était pas réellement son commettant ». Les partisans de l'avoué-mandataire répondent que le refus du premier adjudicataire déclaré ne prouve pas péremptoirement que le second n'eût pas donné mandat à l'avoué ; celui-ci a pu se charger conditionnellement d'acquérir au nom de son deuxième client pour le cas où le premier refuserait son acceptation. Sans doute, mais peut-on faire sérieusement la même supposition si l'adjudicataire déclaré qui accepte est, par exemple, le cinquième ou le sixième auquel l'avoué propose l'adjudication ; le mandat est, dans ce cas, tellement aléatoire qu'on le reconnaît difficilement. D'ailleurs, quand l'avoué s'avoue, par la déclaration qu'il fait à son nom, le mandataire d'un de ses mandants, c'est bien cette personne seule qui a été représentée ; c'est sa volonté qui a concouru avec celle du vendeur et qui a formé le contrat. Si cette personne méconnaît le mandat, le contrat qui était passé avec elle n'existe plus ; il n'appartient pas au mandataire de s'avouer le représentant d'un autre ; il faut un nouveau contrat.

La théorie qui admet que le rôle joué par l'avoué dans la déclaration d'adjudicataire n'est que le rôle d'un porte-fort, nous permet d'expliquer parfaitement la solution consacrée par les auteurs et les tribunaux (1). Nous reconnaissons que les convenances professionnelles imposeraient à l'avoué le devoir de n'agir que sur mandat exprès plutôt que de s'obliger personnellement ; mais la loi ne lui impose pas cette obligation, nous l'avons vu ; en portant l'enchère il ne prend d'autre engagement que celui de rapporter l'acquiescement d'un tiers qu'il ne désigne pas, et dont le choix lui appartient par conséquent. Qui l'empêche dans ces conditions, s'il est encore dans les délais, et si aucune acceptation n'est intervenue, de revenir sur une première déclaration, et si la deuxième n'est pas acceptée, d'en faire une troisième ? L'avoué peut donc faire autant de déclarations successives qu'il veut, pourvu que dans les trois jours, il fournisse un adjudicataire ayant la capacité et la solvabilité requises, sa responsabilité s'efface entièrement, car la loi ne lui demande pas si l'acceptation de son client est la conséquence d'un mandat ou la ratification d'une stipulation pour autrui.

(1) Championnière et Rigaud, 1883 ; Demante, 232 ; Garsonnet : *Procédure*, t. IV, n° 714.

Section IV. — Déclaration faite collectivement
au profit de plusieurs adjudicataires

Pour étudier les effets de la déclaration d'adjudicataire, nous avons raisonné jusqu'ici sur l'hypothèse d'une déclaration faite au profit d'un seul adjudicataire ; les effets seraient les mêmes si l'avoué avait divisé le bénéfice de l'adjudication entre plusieurs personnes, même si la vente avait lieu en bloc, en un seul lot, comme cela se voit tous les jours. Cette pratique, qui peut s'expliquer facilement par l'idée de stipulation et de promesse pour autrui, s'explique également par celle du mandat donné à l'avoué ; celui-ci peut en effet avoir reçu, pour des objets déterminés ou pour des parts aliquotes, mandat de plusieurs personnes.

On objecte que l'avoué ne peut rien changer aux conditions primitives de la vente, que sa déclaration ne fait que mettre l'adjudicataire à son lieu et place ; est-ce qu'il n'enfreint pas cette règle fondamentale lorsqu'il répartit entre plusieurs adjudicataires le bénéfice d'une adjudication faite en un seul lot ?

Nous ne le pensons pas, et la jurisprudence (1) ne faisant que suivre en cela la doctrine des auteurs anciens (2) est unanime pour admettre que la

_____

(1) Cass. 13 avril 1815. J. E. 5112 ; — 30 août 1814, 8 novembre 1815. J. E. 5302 ; — Dalloz. J. G. Enregt. n° 2591 ; — Troplong, 73 ; — Championnière et Rigaud, 2001.

(2) Poquet de Livonnière, liv. 3, chap. 4, sect. 5 ; Fonmaur, n° 366.

7

déclaration collective est parfaitement licite. Aucune loi n'interdit à l'avoué de se charger d'enchérir pour plusieurs particuliers et, une fois adjudicataire de la totalité de l'immeuble, de faire ensuite au profit de chacun une déclaration portant sur une partie seulement de l'adjudication, sans que la déclaration puisse être considérée comme une revente au point de vue de l'impôt, ni comme une condition nouvelle non prévue au cahier des charges, pourvu toutefois que cette répartition n'apporte aucun changement ni dans le prix, ni dans les conditions de la vente.

A ce point de vue, les vendeurs, créanciers, mineurs ou autres, ne peuvent souffrir du fractionnement du prix divisé proportionnellement aux acquisitions partielles. Quand une clause du cahier des charges porte qu'un immeuble est vendu en bloc, c'est-à-dire qu'il n'y a qu'un prix à l'égard du vendeur, celui-ci a droit de compter sur ce prix entier, *in solidum*, quel que soit d'ailleurs le nombre des adjudicataires. Du moment où l'immeuble a été considéré par le vendeur comme ne comportant aucune divisibilité, il a été frappé, aux termes de l'article 1218 du Code civil, d'une indivisibilité intellectuelle dont les effets subsistent tant qu'une volonté contraire n'est pas venue les anéantir. Peu importe, au vendeur, que plusieurs personnes s'entendent pour se partager la chose vendue, et le prix à payer à des proportions égales ou inégales ; quant à lui, il n'y a qu'une vente et qu'un prix, qu'il réclamera indistinctement à l'une quelconque de ces personnes. S'il

pouvait en être autrement, les vendeurs et les
créanciers seraient à la merci des acheteurs qui
pourraient se réunir en grand nombre pour venir
morceler à l'infini un immeuble jugé indivisible
dans l'intérêt de tous, procédé dont les conséquences seraient désastreuses, si le vendeur se
voyait forcé, par exemple, de s'adresser à 20, à
100 personnes différentes, et de poursuivre des
folles enchères ruineuses (1).

Dans un arrêt du 5 décembre 1833, la Cour de
Limoges avait cru pouvoir admettre que la déclaration faite au profit de deux adjudicataires divisait
l'adjudication en deux adjudications ou ventes dis-
tinctes et que, conséquemment, il n'y avait pas pour
le paiement du prix de solidarité entre les deux
adjudicataires (2). Depuis, la Cour de Limoges est
revenue sur sa première décision qui était unique
dans la jurisprudence (3). Les meilleures raisons
invoquées pour justifier la solidarité des adjudicataires partiels relativement au paiement du prix,
nous semblent avoir été données par la Cour de
Toulouse dans un arrêt du 26 janvier 1848, confirmant un jugement du tribunal de Foix de juin 1847.
D'après cet arrêt, les déclarations partielles d'adjudicataires ne peuvent rien changer au caractère
primitif de l'adjudication, car, régulièrement faites,
elles ne sont censées former, avec le contrat d'adjudication, qu'un seul et même acte ; il s'ensuit que
tous les adjudicataires déclarés par l'avoué sont

---

(1) *Journal des Avoués*, tome 73, p. 185.
(2) Arrêt de Limoges du 5 décembre 1833 ; J.A. t. 47, p. 708.
(3) Arrêt de Limoges du 11 mars 1848 ; J. A. t. 73, p. 445.

censés avoir été parties au jugement d'adjudication
et avoir acquis collectivement les entiers biens
compris dans ladite vente ; « en divisant entre eux
les bénéfices et charges d'une même adjudication,
les divers commanditaires ne peuvent changer les
lois de leur contrat qui n'est autre que le cahier
des charges; que, du moment où ils participent à
une même adjudication, ils prennent collectivement l'obligation de remplir toutes les charges de
ladite adjudication ; ils ne forment, aux yeux du
poursuivant ou des créanciers, qu'un seul débiteur,
et ils ne peuvent être entièrement libérés vis-à-vis
de ceux-ci que par le paiement intégral de l'entier
montant et des entières charges de l'adjudication ;
que c'est donc le cas pour le tribunal, de reconnaître que, bien que l'obligation contractée par les
divers adjudicataires soit divisible de sa nature, le
rapport sous lequel elle doit être considérée dans
l'espèce ne la rend pas susceptible d'exécution
partielle ; qu'en d'autres termes ils sont tenus *in
solidum* ». (1).

En un mot, l'avoué peut bien diviser entre plusieurs adjudicataires le bénéfice d'une adjudication; mais à l'égard du vendeur, il n'y a qu'un adjudicataire comme il n'y a qu'un immeuble, ou mieux,
chacun des adjudicataires est considéré comme s'il
était seul, et en conséquence, tenu de la totalité du
prix. La déclaration de l'avoué, simple formalité,
n'a rien changé aux conditions de la vente.

---

(1) *Journal des Avoués*, t. 73, page 185.

SECTION V

DÉCLARATION FAITE AU PROFIT DU POURSUIVANT

A. — Nous avons vu jusqu'ici que c'est la déclaration de l'avoué au greffe et l'acceptation expresse de son client qui constituent ce dernier
adjudicataire aux termes de l'article 707. Toutefois
il existe deux cas où le résultat est le même en l'absence de toute déclaration, et où, par conséquent,
l'avoué n'encourt pas la sanction de l'article 707,
bien qu'il ait laissé passer le délai de trois jours
sans remplir cette formalité ; il s'agit de l'hypothèse
où, dans une vente sur saisie immobilière et dans
une vente sur surenchère, il ne se produit pas d'enchère. Dans ce cas, en effet, c'est la loi elle-même
qui, en l'absence de toute enchère, prononce l'adjudication au profit du créancier poursuivant ou
du surenchérisseur (art. 710) ; la déclaration de
l'avoué serait d'autant plus inutile qu'aucune acceptation n'est requise de ces derniers (1). Quand
bien même l'immeuble serait expressément adjugé
à l'audience, à l'avoué du poursuivant ou du surenchérisseur, cet officier ministériel n'aurait cependant aucune déclaration d'adjudicataire à faire au
greffe. Puisqu'il n'y a pas eu d'enchère, il ne saurait y avoir d'avoué enchérisseur. Dans la pratique
on entend souvent le président du tribunal ou le
magistrat qui reçoit les enchères « adjuger à l'avoué

---

(1) CHAUVEAU et CARRÉ. IX, q. 2384, 5° ; — GARSONNET :
t. 4, § 714 ; — BIOCHE. n° 481.

poursuivant, les immeubles mis en vente », mais ce n'est là qu'une formule en usage dans les tribunaux, d'après laquelle on se dispense de nommer la partie, en se bornant à désigner son avoué. Même si le jugement d'adjudication portait que l'avoué est resté adjudicataire pour la mise à prix, cette simple mention n'empêcherait pas moins le créancier poursuivant l'expropriation ou le surenchérisseur de profiter de l'adjudication et d'être tenus du prix.

Dans le cas où le créancier poursuivant se serait retiré et où un autre aurait continué les poursuites, quel est l'avoué qui est dispensé de faire une déclaration d'adjudicataire : celui du premier poursuivant ou celui du créancier subrogé ? Nous admettons sans aucun doute que c'est celui du créancier subrogé.

Le poursuivant est, en effet, toujours maître de suspendre et d'abandonner les poursuites; le Code de Procédure lui reconnaît ce droit et en admet l'usage, puisque dans les articles 721, 722, il règle ce que les autres créanciers devront faire dans les différents cas de négligence ou d'abandon du poursuivant. Il résulte de ces principes que la réquisition du créancier poursuivant est nécessaire pour chacun des actes de la poursuite, et surtout pour l'adjudication dont la conséquence peut être de le rendre propriétaire des biens saisis pour la mise à prix, et que l'abandon des poursuites et la subrogation admise a pour effet de le rendre étranger à la poursuite. C'est le subrogé qui en assume désormais toute la responsabilité et qui devra, à défaut d'enchère, supporter l'adjudication. Admettre le contraire et imposer au poursuivant originaire l'obligation de demeurer garant de la mise à prix, c'est dépasser les exigences de la loi et créer une peine qu'elle n'a pas édictée.

B. — Quand le législateur a voulu qu'une sanction aussi exorbitante fût appliquée, il n'a pas manqué d'en faire l'objet d'une disposition expresse. C'est précisément ce qu'il a fait pour le cas de surenchère ; l'article 838 du Code de procédure civile porte que « le surenchérisseur, même au cas de subrogation à la poursuite, sera déclaré adjudicataire si, au jour fixé pour l'adjudication, il ne se présente pas d'autre enchérisseur ». C'est qu'il y a, en effet, entre les deux cas, une différence sensible. Dans le premier, la mise à prix n'est que l'indication d'une base pour les enchères; dans le deuxième elle est de la part du surenchérisseur, l'évaluation qu'il fait de la valeur de l'immeuble qu'il estime avoir été adjugé ou vendu à vil prix, et il ne peut pas rétracter sa surenchère (1).

Dans le premier cas, le poursuivant originaire est redevenu un simple enchérisseur ; son avoué devra, pour lui procurer le bénéfice de l'adjudication, enchérir et déclarer son nom dans les trois jours. L'avoué du créancier subrogé n'a pas de déclaration à faire si la mise à prix n'est pas couverte, puisque son client a pris la place du poursuivant, et sera, dans ce cas, forcément propriétaire de l'immeuble vendu.

---

(1) *Journal des Avoués*, t. 76, p. 365.

Dans le deuxième, à défaut de toute enchère, et quand bien même la mise en vente aurait lieu à la réquisition d'un autre intéressé, l'avoué du surenchérisseur n'est tenu d'aucune déclaration, puisqu'aux termes de l'article 838, le surenchérisseur, même au cas de subrogation, est déclaré adjudicataire.

CHAPITRE TROISIÈME

**Absence de déclaration et déclaration irrégulière. —
Sanction de l'art. 707 C. Pr. Civ.**

Section I. — Non-déclaration — Effets

La sanction du défaut d'observation des règles
précédemment exposées consiste essentiellement
dans ce fait que l'avoué qui ne s'y est pas conformé
est réputé adjudicataire en son propre nom. C'est
là toute l'économie de l'art. 707, que nous nous
proposons d'étudier dans ce chapitre. Nous verrons
d'abord les effets produits dans la personne de
l'avoué par le défaut de déclaration ; nous nous
demanderons si, comme tout adjudicataire, l'avoué
enchérisseur peut faire une déclaration de command dans les 24 heures qui suivent les trois jours
de l'art. 707, et si sa responsabilité, à raison d'une
déclaration tardive, peut se couvrir à l'égard des
créanciers et des vendeurs ; nous terminerons en
examinant si la sanction de l'art 707 doit être
étendue à des cas autres que celui prévu par cet
article.

A. — *Contradiction des art. 707 et 711 C. Pr. Civ.*
— Lorsqu'on regarde de près les dispositions de

l'art. 707, on remarque qu'il impose à l'avoué deux obligations : 1° obligation de déclarer dans les trois jours, le nom de l'adjudicataire pour lequel il a acquis l'immeuble ; 2° obligation de fournir l'acceptation de son commettant ou de représenter son pouvoir. Si l'avoué ne satisfait qu'à l'une de ces deux obligations, il encourt la sanction de l'art. 707, car les deux formalités qu'il exige n'en font qu'une, et n'ont l'une sans l'autre aucune efficacité (1). Au cas de non-déclaration comme au cas de non-acceptation dans les délais, l'avoué devient adjudicataire, et comme tel tenu de remplir les charges de l'adjudication, et bénéficiaire de ses avantages ; il devient débiteur du prix, et en même temps propriétaire du bien mis en vente, c'est à lui que sont remis les titres de propriété, s'il en a été promis dans le cahier des charges.

Immédiatement une objection vient à l'esprit : comment un avoué peut-il devenir adjudicataire en vertu de la loi, quand cette même loi le lui interdit formellement dans une autre de ses dispositions ? N'y a-t-il pas une contradiction flagrante entre l'article 707 et l'article 711 du Code de Procédure ? Il n'est pas défendu aux avoués de se porter enchérisseurs devant les tribunaux près desquels ils exercent leurs fonctions et de devenir adjudicataires ; il n'existe à ce sujet aucune différence entre les adjudications sur saisie-immobilière et les ventes de biens de mineurs. Mais ce qui est permis en général aux avoués, est interdit, en

---

(1) D. P. 86. 3. 8.

matière de saisie-immobilière à l'avoué poursuivant par l'article 711. Cet avoué ne va-t-il pas pouvoir tourner la prohibition de cet article au moyen
de la sanction de l'art. 707 ? L'avoué poursuivant
peut, en effet, être chargé par toute personne d'enchérir et d'acheter ; ne peut-il pas feindre d'avoir
un mandat et enchérir ? Faute de représenter un
pouvoir, il sera alors déclaré adjudicataire aux
termes de l'article 707 et contrairement à l'art. 711.

Cette contradiction, dit-on, n'est qu'apparente,
il est défendu à l'avoué poursuivant de se rendre
volontairement adjudicataire ; mais l'adjudication
peut lui être imposée à titre de peine comme dans
le cas de l'article 707. Sans doute l'avoué pourra,
au moyen de cette peine, violer indirectement
l'art. 711 ; mais si cette fraude était découverte
il encourrait toute la rigueur des peines disciplinaires. C'est pour prouver qu'en rédigeant l'art.
707, on ne perdait pas de vue l'art. 711, qu'on a
dans le premier expressément renvoyé au second.

Pour notre compte, nous ne pensons pas que la
menace des peines disciplinaires, si rigoureuses.
soient-elles, suffise à retenir les avoués en quête
d'une bonne opération au préjudice des clients,
comme la facilité leur en est offerte par l'art. 707 ;
d'autant plus que l'avoué, en admettant qu'il soit
recherché, aura toujours rendu, sinon impossible,
du moins des plus difficile, la preuve de la fraude,
grâce à l'obligeance de quelque prétendu mandant
qui se sera retiré de bonne volonté, sans compter
qu'il faudra toujours faire état des circonstances de
fait, que l'avoué ne manquera pas d'invoquer pour

établir sa bonne foi, de sorte que dans ce cas, un tribunal sera toujours fort embarrassé pour dire si un avoué était ou non mandataire.

On a bien vu, en effet, la Cour de Pau décider que l'adjudication prononcée en faveur de l'avoué poursuivant ne peut être déclarée nulle que lorsque cet avoué s'est rendu volontairement, directement adjudicataire et non dans le cas où il résulte des faits souverainement appréciés par les juges, qu'il n'est resté adjudicataire que parce que la faute ou la négligence de son client l'ont empêché de faire la déclaration d'adjudicataire dans le délai légal. « Les juges, dit l'arrêt, sont souverains appréciateurs des faits, et dès qu'ils ont reconnu la parfaite bonne foi de l'avoué, l'absence de toute intention de faire fraude aux devoirs de sa profession, aucune nullité de ce chef ne saurait être prononcée, ni encourue » (1).

Dans l'espèce soumise à la Cour de Pau, l'avoué était resté du 14 août 1848 au 23 décembre de la même année sans faire de déclaration d'adjudicataire. La Cour, cependant, ne déclare pas nulle l'adjudication, car, dit-elle, il n'est pas douteux que l'avoué n'a pas enchéri pour lui. En effet, du jour de l'adjudication, c'est le client déclaré qui a joui des immeubles, qui a administré et qui a même fait un échange de partie de la propriété avec un tiers ; d'ailleurs, il n'a jamais été troublé dans sa jouissance ; si la déclaration n'a pas été faite, c'est

---

(1) Cour de Pau, 6 juillet 1867. — *Journal des Avoués*, t. 93, p. 59.

par suite d'une erreur, l'adjudicataire s'étant pré-
senté trop tard pour faire son acceptation ; la sanction de l'article 711 ne saurait être appliquée, car
elle n'est fondée que sur une fiction de la loi qui
doit tomber devant la vérité des faits ; or, la vérité,
c'est que l'avoué a enchéri pour un autre que pour
lui ; par conséquent ça n'est pas enfreindre l'article
711 que de le déclarer adjudicataire, puisque son
mandataire n'était pas un personnage fictif et qu'il
existait bien au moment où les immeubles ont été
adjugés à l'avoué poursuivant.

Les partisans de cette opinion prétendent s'ap-
puyer sur une déclaration faite par Pascalis à la
Chambre des Députés, au nom de la Commission
chargée de l'examen du projet de loi relatif aux
ventes judiciaires de biens immeubles (1). « La
défense faite à l'avoué poursuivant d'enchérir
pour lui-même, disait Pascalis dans son rapport, n'est pas en contradiction avec la disposition
de l'article 707, portant que faute d'avoir fait dans
les trois jours sa déclaration de command, l'avoué
sera réputé adjudicataire pour son propre compte.
Il suit de là que si l'avoué poursuivant, après s'être
rendu adjudicataire, fait dans les trois jours cette
déclaration, il est déchargé comme le serait tout
autre avoué, et l'adjudication est valable pour la
personne qu'il a nommée ». D'après Pascalis, l'avoué
poursuivant serait tenu d'une seule obligation :
déclarer un adjudicataire ; s'il enchérit sans man-

(1) *Jur. gén.*, Dalloz. — Vente publique d'immeubles.
Titre I, p. 577, n° 124.

dat préalable, c'est à ses risque et péril ; il peut ne pas trouver d'adjudicataire, et alors l'adjudication sera annulée, mais s'il en trouve un, il a pleinement satisfait à la loi. Cette opinion nous paraît inadmissible et contraire aux dispositions de l'article 711. On commenterait cet article d'une façon plus conforme à son texte, il nous semble, en disant : l'annulation d'une adjudication tranchée au profit d'un avoué poursuivant pourra être obtenue chaque fois qu'il sera prouvé que cet avoué en enchérissant n'était le mandataire de personne, peu importe d'ailleurs que l'avoué ait réussi, dans l'intervalle des trois jours qui lui sont accordés, pour déclarer son adjudicataire, à se débarrasser de l'immeuble, puisqu'il est établi d'autre part qu'il s'est rendu personnellement adjudicataire. C'est l'interprétation qui a été donnée à l'article 711 par la Cour de Toulouse, dans un arrêt du 18 janvier 1894 (1).

Si, d'ailleurs, il fallait suivre la Cour de Pau dans ses observations sur la bonne foi et les circonstances de fait, cela entraînerait, de la part des tribunaux, des appréciations absolument personnelles et des décisions très diverses, ce qui est toujours nuisible à la bonne administration de la justice. Ce serait aussi ouvrir la porte aux abus, car il est toujours facile à l'avoué poursuivant de trouver un prétendu mandataire de complaisance et de se ménager des circonstances capables d'entraîner la conviction des juges. A notre avis, pour éviter une application

---

(1) D. P., 94, 2, 479.

illégale de l'article 707 et respecter en même temps
la défense de l'article 711, il est indispensable de
s'en tenir au texte de la loi, qui, sans distinction
aucune, déclare que l'avoué poursuivant ne peut
jamais être adjudicataire, de prononcer en conséquence, toujours, la nullité d'une adjudication tranchée au profit d'un avoué poursuivant et de rendre
ce dernier responsable de la nullité, comme l'a fait
la Cour d'Aix dans un arrêt du 18 avril 1843 (1).

Les circonstances de fait étaient cependant en
l'espèce toutes en faveur de l'avoué ; sa bonne foi
ne pouvait être mise en doute. Sur la recomman-
dation d'un notaire, il avait enchéri pour le mandataire d'un sieur Reboul, et avait fait la déclaration au nom de ce dernier ; le même mandataire,
en qui l'avoué avait toute confiance, avait comparu au greffe pour accepter l'adjudication. Plus
tard, on découvrit que Reboul était un personnage
imaginaire ; la nullité de l'adjudication fut prononcée par la Cour, et l'avoué poursuivant condamné
à réparer le préjudice causé ; sa bonne foi était du
reste reconnue par la Cour et par la partie adverse.

Cette solution si rigoureuse est la seule logique
et capable de couper court aux entreprises fraudu-
leuses des avoués. Si ces derniers veulent, tout en
observant les règles disciplinaires de leur Compa-
gnie, sauvegarder leur responsabilité profession-
nelle, il leur appartient de s'assurer de l'identité de
leur commettant, et de se faire remettre un pouvoir écrit.

---

(1) S., 45, 1, 357.

B. — *Droits de l'avoué, adjudicataire forcé.* —
La situation de l'avoué, adjudicataire par l'effet
de l'article 707, ne diffère en rien, nous l'avons
dit, de celle de tout adjudicataire que l'avoué
aurait déclaré dans le délai de trois jours. Ils
ont l'un et l'autre les mêmes obligations et les
mêmes droits. Parmi ces derniers, on a cependant contesté à l'avoué celui que nous avons
reconnu à l'adjudicataire de faire une élection
de command dans les 24 heures de la déclaration
de l'avoué. (Cassation, aff. Vézin; arrêt du 3 décembre 1884) (1).

Cet arrêt, pour être bien compris, doit être rap-
proché de ce que nous avons dit plus haut sur la
réserve faite par l'avoué, au moment de l'adjudication ou insérée au cahier des charges, de déclarer command dans le délai de la loi. Nous avons
vu que cette réserve inutile à l'avoué, qu'elle ne
concerne pas d'ailleurs en tant qu'officier ministériel et mandataire forcé, profite à l'adjudicataire,
qui, par suite de la combinaison des dispositions
de l'article 707, avec celles de l'article 68 de la loi
du 22 Frimaire, an VII, se trouve en droit d'ajouter au délai de trois jours, que le Code de Procédure accorde à l'avoué, celui de 24 heures qui lui
est accordé à lui-même par la loi de Frimaire, si
bien qu'il se trouve en droit d'élire command le
quatrième jour. Le point examiné et résolu par
l'arrêt qui nous occupe est celui de savoir si l'avoué
adjudicataire par l'expiration du délai de l'article

---

(1) SIREY, 1885, 1, 273.

707, peut cumuler, à son profit, les deux délais, quand la réserve de command a été faite.

La Cour de Cassation a décidé que la situation de l'avoué n'est régie que par l'article 707 du Code de procédure civile ; exactement et pour parler comme l'arrêt : « l'avoué enchérisseur qui, dans les trois jours de l'adjudication, a omis de déclarer l'adjudicataire et de fournir son acceptation, est réputé adjudicataire en son nom, et le contrat doit être considéré comme ayant reçu la perfection au moment même de l'adjudication. Par suite, toute déclaration d'adjudicataire faite par un avoué après l'expiration du délai de trois jours, auquel ne peut s'ajouter aucun autre délai, opère nécessairement une seconde transmission, et ne peut être considérée comme une déclaration de command ».

La Régie, partie au procès, soutenait que l'avoué enchérisseur est envisagé comme un mandataire forcé dans les adjudications où il intervient ; mais ça n'est qu'une présomption attachée à son caractère officiel ; cette présomption s'évanouit s'il omet de faire connaître son mandant avant l'expiration du délai de trois jours. Il est alors réputé avoir enchéri pour son compte personnel comme simple particulier ; son caractère officiel disparaît, et il ne saurait l'invoquer pour bénéficier d'abord du délai de trois jours accordé à l'avoué considéré comme mandataire forcé, puisqu'il n'a point agi en cette qualité, puis encore du délai de 24 heures fixé pour la déclaration de command, puisque, ayant enchéri comme simple particulier, il aurait dû faire cette déclaration immédiatement après l'adjudication.

La déclaration d'adjudicataire et l'élection de command, ajoutait la Régie, sont deux institutions différentes, dont chacune est régie par des dispositions qui lui sont propres et se suffisent à elles-mêmes. On ne saurait, dès lors, transporter d'une matière les règles qui gouvernent exclusivement et complètement l'autre matière. L'avoué et le simple particulier ont, l'un et l'autre, un moyen de se substituer un tiers dans les effets de l'acquisition, mais pour l'un et pour l'autre ce moyen est unique ; l'avoué a trois jours pour déclarer l'adjudicataire ; l'adjudicataire a 24 heures pour déclarer son command ; l'avoué ne peut pour déclarer l'adjudicataire, ajouter les 24 heures à ses trois jours.

La Cour de Cassation, nous l'avons vu, s'est pleinement rangé à l'avis de la Régie ; mais sa décision ne nous semble pas exempte de toute critique. Quand un cahier de charges ou un procès-verbal d'adjudication ont réservé *à l'adjudicataire* le droit d'élire command, peut-il être question de distinction relativement à la personnalité de cet adjudicataire ? Comprendrait-on que alors que ce droit appartient sans conteste à l'adjudicataire déclaré, l'avoué devenu adjudicataire forcé par l'effet de la loi en fût privé ? La cause qui les investit diffère, c'est certain, comme l'a fort bien remarqué le tribunal de Saint-Nazaire dans le jugement cassé par l'arrêt de cassation que nous critiquons : « l'un tient son droit et voit naître ses devoirs de la volonté de l'homme, tandis que c'est la loi qui l'impose à l'autre ; il n'en est pas moins vrai qu'ils ont tous les deux la même qualité d'adjudicataire... ;

qu'au surplus il n'est pas permis de faire de distinction là où la loi n'en fait pas, alors surtout
qu'il s'agit d'une matière fiscale, où tout est de
droit étroit ». (Trib. de St-Nazaire, 28 avril 1882).

On dit encore : l'adjudication est parfaite avec
l'avoué du jour de l'adjudication même, quand il
laisse passer le délai de 3 jours sans déclarer l'adjudicataire, c'est pourquoi le délai de 24 heures
part pour lui du moment de l'adjudication. Admet-
tons-le pour un instant. Il s'ensuit cette conséquence, c'est que si l'avoué, au lieu d'attendre
l'expiration des trois jours pour devenir adjudicataire, fait à son nom une déclaration au greffe le
lendemain ou le surlendemain de l'adjudication, il
pourra, dans ce cas, ajouter au délai d'un jour ou
de deux jours expiré, celui de 24 heures pour
déclarer un command, puisque dans ce cas l'avoué
n'est pas adjudicataire par l'effet de la loi et à
titre de sanction, mais par sa propre volonté. Distinction spécieuse, dira-t-on, mais qui est une
conséquence toute naturelle du principe que nous
rejetons. Si la loi avait entendu refuser à l'avoué
la faculté de déclarer command, elle aurait formellement énoncé sa prohibition, au lieu de sous-en-
tendre une défense que l'on peut si facilement élu-
der. Pour notre part, nous pensons que cette défense
n'existe ni dans les termes de la loi, ni dans son
esprit. (1)

(1) Dans l'usage de Paris, l'avoué adjudicataire faute d'avoir
fait une déclaration dans le délai de la loi jouit du délai de
24 heures pour déclarer un command (Dictionnaire du Notariat. V° Déclaration de command, n° 93).

C. — Responsabilité de l'avoué en cas de déclaration tardive. — Poursuites contre l'adjudicataire.
— Sanction de l'art. 707 inapplicable.

L'article 707 constitue-t-il une disposition d'ordre
public, à laquelle il n'est pas permis de déroger par
des conventions particulières ? Est-ce au contraire
une simple disposition d'intérêt privé et à laquelle
peuvent toujours renoncer ceux au profit desquels
elle a été édictée ? Un avoué pourrait-il, par
exemple, faire, avec le consentement de tous les
intéressés, une déclaration d'adjudicataire après le
délai de trois jours écoulé ; et à défaut de consentement exprès, la responsabilité de l'avoué que le
vendeur et les créanciers ont le droit de considérer comme adjudicataire pour son propre compte,
est-elle susceptible d'être couverte par la renonciation des intéressés, et cette renonciation ne peut-
elle pas résulter effectivement de ce que les intéressés, laissant de côté l'avoué en faute, poursuivent
la revente à la folle-enchère contre l'adjudicataire
tardivement déclaré ?

La question ainsi posée a soulevé un grand débat
en 1878 devant la Cour de Cassation, à l'occasion
d'un pourvoi formé contre un arrêt de la Cour
d'Appel de la Martinique ; son intelligence nécessite un exposé des circonstances dans lesquelles
elle a été soumise à la Cour Suprême.

Un avoué de la Martinique, le sieur Desabaye,
s'était rendu adjudicataire, le 8 septembre, à la
barre du tribunal, d'un immeuble saisi. Ce fut le
14 septembre, c'est-à-dire au bout de six jours,
qu'il fit sa déclaration d'adjudicataire au nom du

sieur Henri Duplessis. Le créancier poursuivant,
c'est-à-dire la Société du Crédit Foncier Colonial
ne prit point ses avantages contre Desabaye ; elle
poursuivit la revente à la folle-enchère contre
Duplessis qui n'avait point payé son prix. Il n'est
pas douteux que la Société du Crédit Foncier
colonial pouvait considérer l'avoué comme adjudicataire en son nom ; elle n'en fit rien. La veuve
du tiers détenteur sur lequel l'immeuble avait été
saisi, la dame Maillet, prétendant en sa qualité de
créancière inscrite, que Desabaye était resté adjudicataire en son nom personnel, l'assigna en responsabilité des résultats de la folle-enchère et par
suite en paiement de la différence entre le prix de
l'adjudication du 8 septembre et celui obtenu sur la
folle enchère, ainsi que des frais de cette procédure.
La dame Maillet perdit son procès devant le tribunal de Fort-de-France et devant la Cour d'Appel
de la Martinique. Elle se pourvut devant la Cour
de Cassation qui rejeta son pourvoi, décidant que
« la disposition de l'art. 707, d'après laquelle l'avoué,
dernier enchérisseur, qui n'a pas déclaré l'adjudicataire dans les trois jours de l'adjudication est
réputé adjudicataire en son nom, cesse d'être
applicable, quand, au lieu de demander contre
l'avoué personnellement l'exécution des clauses
de l'adjudication, les parties intéressées ont fait
ou laissé revendre l'immeuble sur la folle-enchère de l'adjudicataire tardivement déclaré par
l'avoué. » **(1)**

---

(1) Cas., 14 janvier 1878 ; Sirey 78-1-404.

Remarquons d'ailleurs, avant tout, qu'il ne s'agit pas de savoir si la ratification par les parties intéressées d'une déclaration tardive peut empêcher l'Enregistrement de considérer cette déclaration comme une revente, passible comme telle du droit de mutation. Là n'est pas la question ; il n'est pas contestable en effet que la déclaration tardive a créé pour le fisc un droit acquis dont il ne saurait être dépouillé par une ratification ultérieure et que, aux yeux de l'Administration, l'adjudicataire est considéré à bon droit comme le cessionnaire de l'avoué, premier acquéreur. (1)

Mais, se demande l'avocat général, M. Robinet de Cléry, dont les conclusions fort remarquables furent entièrement accueillies par la Chambre des Requêtes, en est-il de même à l'égard des créanciers ? Au premier abord, il semble que oui ; l'article 707 n'est pas une disposition fiscale applicable seulement aux droits d'enregistrement. Il est aussi général et aussi formel que possible : « L'avoué est réputé adjudicataire...» ; tout intéressé peut revendiquer contre lui les conséquences de cette situation... Ainsi le simple retard dans la déclaration de command constitue l'avoué débiteur principal du prix et débiteur de la différence en cas de folle-enchère.

« C'est là, dit M. Robinet de Cléry, une pénalité rigoureuse. Est-il possible de soutenir qu'elle crée une situation que les intéressés, les créanciers ins-

(1) Cass. civ., 3 septembre 1810 ; — 9 avril 1811 ; — 1er février 1854 : Sircy, 54-1-266 — Garnier : Répertoire de l'Enregistrement, n° 2831.

crits eux-mêmes ne puissent modifier en acceptant l'adjudicataire tardivement déclaré ?... Si entre l'avoué, l'adjudicataire déclaré, et les créanciers inscrits, il intervient un accord formel ou tacite pour accepter comme valable une déclaration tardive, l'art. 707 fera-t-il obstacle à ce que l'avoué ait agi comme simple mandataire, à ce que l'exécution de son mandat étant ratifiée, sa personne disparaisse et sa responsabilité s'évanouisse ? Je ne saurais aller jusque là. Les dispositions de l'art. 707 ne sont pas d'ordre public en dehors de leur application aux droits du fisc. Elles ne sauraient obliger l'avoué à rester adjudicataire malgré lui, malgré son mandant et malgré l'adhésion de tous les intéressés. Dans ce cas, la seule conséquence de sa faute sera le paiement du double-droit ».

« Mais quels actes, demande l'avocat général, pourront constituer cette adhésion de la part des créanciers inscrits ? »

« Dans l'espèce du procès actuel, l'un des créanciers inscrits, la Société du Crédit Foncier Colonial a accepté la déclaration tardive de command. Elle a manifesté cette acceptation en poursuivant la folle-enchère non pas contre l'avoué réputé adjudicataire en son propre nom, mais contre l'adjudicataire désigné, « pris et considéré dans cette poursuite, disent les qualités, comme seul adjudicataire ». Il y a dans cette procédure une très évidente adhésion à la déclaration de command, une acceptation implicite de l'adjudicataire tardivement désigné. La Société du Crédit Foncier Colonial poursuivant la folle-enchère est liée ; elle ne peut plus invoquer l'art. 707 pour actionner l'avoué en responsabilité ».

Mais il est un point qui n'aura pas manqué d'attirer l'attention lorsque nous avons exposé les faits de la cause : ce n'est pas, bien entendu, la Société du Crédit Foncier Colonial qui avait formé un pourvoi contre l'arrêt de la Cour d'appel de la Martinique ; le pourvoi avait été formé par un autre créancier inscrit, la veuve Maillet. Jusqu'à quel point M. l'avocat général Robinet de Cléry était-il fondé à parler de l'accord formel ou tacite intervenu entre l'avoué, l'adjudicataire et les créanciers inscrits ? La dame Maillet n'avait donné aucune adhésion ni formelle, ni tacite. Cette question, quoique secondaire en l'espèce, est très grave en elle-même. La solution qu'on lui donnera pourra être désastreuse pour les intéressés qui n'ont pas un seul instant accepté l'adjudicataire tardif, mais, au contraire, n'ont pas cessé de considérer l'avoué comme leur débiteur personnel.

M. l'avocat général résoud la difficulté à l'aide des arguments suivants : La procédure de saisie-immobilière est indivisible. Par suite de la sommation qui est signifiée par le créancier poursuivant aux créanciers inscrits, ces derniers deviennent partie à l'instance (1), puisque cette sommation « rend tout acte de la procédure d'expropriation, tout jugement contradictoire avec eux ». Le pour-

(1) PASCALIS. — Rapport à la Chambre des Députés sur la loi du 2 juin 1841.

suivant unique, soit de l'adjudication, soit de la folle-enchère, agit pour le compte commun, sous le contrôle des créanciers inscrits, appelés par la sommation qui peuvent redresser toutes les erreurs, provoquer toutes les nullités, se plaindre du dol, de la fraude, de la simple négligence. « Tout se lie dans cette procédure, elle renferme ce qu'il faut pour donner aux créanciers le moyen de surveiller et de faire valoir leur gage. ...; s'ils se taisent....., ils acquiescent » (1). Dans l'espèce, le créancier poursuivant la folle-enchère représentait tous les autres créanciers, parmi lesquels la dame Maillet ; cette dernière, par son silence, adhérait à la folle-enchère et conséquemment à l'acceptation par le poursuivant de l'adjudicataire tardivement déclaré. Cette seconde partie de la théorie de M. Robinet de Cléry a été admise comme la première par la Cour de Cassation.

En somme, la situation de l'avoué est particulièrement favorable, puisque, même après le délai de trois jours, il peut s'entendre avec les intéressés pour déclarer un adjudicataire ; qu'en cas de saisie immobilière suivie de folle-enchère, le consentement du seul poursuivant est exigé, et qu'ainsi, comme à la suite d'une déclaration régulière, l'avoué se trouve déchargé des obligations résultant de la qualité qui lui avait été imprimée par la loi, en même temps qu'il est privé des droits attachés à cette même qualité.

_____

(1) PERSIL. — Rapport à la Chambre des Pairs sur la loi du 2 juin 1841.

Section II

Déclaration au profit d'un incapable

Au défaut de déclaration dont la conséquence est de rendre l'avoué adjudicataire en son nom, ne peut-on pas assimiler le cas d'une déclaration faite pour le compte d'un incapable? L'avoué qui enchérit contrairement aux dispositions de l'article 711 ne doit-il pas, indépendamment de l'action en dommages-intérêts, être frappé d'une autre pénalité en ce sens qu'il devrait être considéré comme adjudicataire au lieu et place de son client?

L'affirmative a été admise par un arrêt de la Cour de Toulouse du 16 mai 1840 (1), confirmant un jugement du tribunal de cette ville. L'arrêt est basé sur une considération qui a bien sa portée : « Lorsque le commettant, disait la Cour, est un incapable, la position de l'avoué enchérisseur est la même que s'il n'avait pas de mandat. L'avoué qui s'est rendu adjudicataire, comme dans l'espèce, au profit d'une femme mariée, en vertu d'un pouvoir non revêtu de l'autorisation du mari, doit être déclaré adjudicataire pour son propre compte, parce qu'il n'a personne derrière lui ». (2)

---

(1) Toulouse, 16 mai 1840. — Sirey : 41-2-58.

(2) Un arrêt de règlement du parlement de Flandre du 16 septembre 1672 (art. 102), ajoutait, après avoir dit que le procureur qui n'aurait pas fait sa déclaration dans la quinzaine serait « exécutable en son privé nom » : « le même aura lieu si la personne qui sera dénommée en dedans du terme n'est trouvée solvante et suffisante... ». C'est cette disposition que la Cour de Toulouse avait appliquée, sans tenir compte des modifications apportées par le Code de procédure

L'avoué enchérisseur soutenait devant le tribunal, en raisonnant par analogie avec la prohibition de l'article 711 qui se borne à déclarer annulable l'adjudication faite à un avoué pour le compte du saisi, d'un membre du tribunal ou d'un insolvable, qu'aucune disposition de loi n'établissait une mesure différente dans le cas d'une adjudication faite à une femme mariée non autorisée ou à un mineur ; et que si l'article 707 déclarait l'avoué adjudicataire en son nom, c'était uniquement pour le cas où il n'aurait pas, dans les trois jours de l'adjudication, fait la déclaration de l'adjudicataire, ni fourni son acceptation ou représenté son pouvoir ; or, dans l'espèce soumise au tribunal, l'avoué avait fait sa déclaration et représenté son pouvoir ; c'était suffisant pour le mettre à l'abri de la sanction de l'article 707, si ça ne l'était pas pour le garantir de l'action en dommages-intérêts.

Le tribunal rejeta ce moyen en disant que le législateur, qui exige de l'avoué la représentation d'un pouvoir, a dû vouloir un pouvoir valable : « revêtu de toutes les formalités prescrites par la loi et surtout consenti par une personne capable, car, aux yeux du législateur, un pouvoir nul n'est pas un pouvoir ; il ne peut produire aucun effet en vertu de l'adage : *quod nullum est, nullum producit effectum* ; d'où il suit que lorsque l'avoué produit un pouvoir de cette nature pour remplacer et tenir lieu d'acceptation de la déclaration d'adjudicataire, il doit être réputé adjudicataire en son nom ».

La théorie du tribunal et de la Cour de Toulouse

ne compte plus de partisans à l'heure actuelle, ni dans la doctrine, ni dans la jurisprudence. Elle a été combattue, notamment, avec beaucoup d'autorité, par Chauveau : « Si l'avoué qui a négligé de faire dans un délai marqué l'élection de command, est réputé adjudicataire en son nom, dit Chauveau, il n'en est pas ainsi lorsqu'il a enchéri pour un adjudicataire incapable. De pareils effets ne peuvent s'étendre arbitrairement d'un cas de négligence à un autre ; là où la loi ne les a pas textuellement attribués, on ne saurait les suppléer » (1).

Remarquons d'ailleurs que cette pénalité ferait double emploi avec les dommages-intérêts auxquels l'avoué peut être condamné ; si l'avoué était en effet déclaré adjudicataire personnellement, le tort causé aux créanciers se trouverait ainsi réparé et les dommages-intérêts seraient sans objet.

En résumé, le domaine de l'article 707 est bien déterminé par ses termes ; celui de l'article 711 également. Ce serait forcer le sens des textes et dénaturer leur portée que de vouloir les expliquer ou les compléter l'un par l'autre, puisque chacun édicte pour l'hypothèse bien définie qu'il prévoit, une sanction suffisante et exclusive.

---

(1) CARRÉ et CHAUVEAU. Q. 2396 bis ; Dans le même sens : THOMINE-DESMAZURES, tome 2, p. 259 ; — PERSIL fils, p. 231 ; — BIOCHE, n° 508 ; — PIGEAU, tome 2, p. 152 : — GARSONNET et CÉSAR-BRU, t. 4, p. 744, n° 1596 ; — Paris, 20 mai 1835 : S. 35-2-243 ; — GÉNIN P. : Des Attributions des Avoués, thèse 1907. Paris, page 96.

CHAPITRE QUATRIÈME

Utilité et inconvénients de la déclaration d'adjudicataire

SECTION I. — UTILITÉ

On a donné bien des raisons pour justifier l'institution de la déclaration d'adjudicataire.

A. — Au point de vue fiscal, dit-on, elle permet de faire, entre l'adjudication et le moment de la déclaration, des cessions qui sont exemptes du droit de mutation, puisque la loi ne les considère pas comme des reventes ; comme elle n'est frappée que d'un droit fixe peu élevé, l'adjudication qui comprend en réalité plusieurs mutations ne donne lieu qu'à la perception d'un seul droit proportionnel et d'un droit d'acte de fort minime importance. C'est surtout cet effet fiscal qui explique l'usage ordinaire de la déclaration d'adjudicataire par l'avoué enchérisseur.

B. — Mais il n'est pas le seul : toutes les parties intéressées dans une adjudication immobilière y trouvent avantage. L'acheteur souvent hésite et s'abstient ; le marché lui sourit cependant, mais il craint de n'en pas retirer l'utilité qu'il y recherche. Sans doute après avoir acquis il pourrait revendre ; mais il aurait alors imprudemment assumé toutes les charges du contrat, tout en courant personnellement les risques de l'insolvabilité éventuelle de son cessionnaire. D'ailleurs, il lui faudrait solder tous les frais de la vente opérée à son profit et notamment un impôt proportionnel relativement élevé ; pour être pleinement indemnisé, il lui faudrait trouver un acquéreur qui consentît un prix supérieur au prix d'adjudication de tout le montant de ces frais. Si l'affaire est moins avantageuse qu'il ne la suppose au moment d'enchérir, il est bien douteux qu'il rencontre un cessionnaire qui accepte de telles conditions ; la crainte de telles conséquences le retient. Encore, s'il pouvait éviter tous ces frais à son cessionnaire peut-être trouverait-il plus facilement à se débarrasser de son acquisition, soit que celle-ci ne lui convienne plus, soit qu'un événement imprévu survenu dans les premiers jours de l'adjudication, ou la perspective d'ennuis de toutes sortes, ne lui permettent pas de conserver pour lui une acquisition onéreuse. Le Code de procédure civile vient au secours de notre adjudicataire : en accordant à l'avoué un délai de trois jours pour désigner celui-ci, elle facilite la recherche d'un sous-acquéreur, qui sera subrogé purement et simplement à l'adjudicataire primitif, tout en évitant les doubles frais.

Cette facilité amènera d'ailleurs sur le marché, les intermédiaires qui, faisant le calcul contraire, achèteront surtout dans l'intention de transmettre à autrui la situation que leur fait le contrat, sauf à garder pour eux l'affaire, si elle apparaît, après coup, de nature à leur procurer un avantage qu'ils n'avaient point entrevu en enchérissant, ou si, dans le délai de trois jours pour faire la déclaration, il leur advient des fonds dont ils ne pouvaient être absolument certains au jour de l'adjudication, et qui leur permettront de conserver pour leur compte l'immeuble, en vue de spéculations postérieures plus avantageuses. En donnant aux acquéreurs présents, qui ne tiennent point à garder pour eux l'opération, la facilité de se subroger un tiers aujourd'hui absent, la déclaration d'adjudicataire donne aussi aux vendeurs le moyen de rencontrer un acquéreur presque certain ; ce qui est pour eux d'un intérêt d'autant plus évident que dans l'adjudication publique le défaut d'acquéreur nécessite une nouvelle adjudication sur de nouvelles bases et entraîne par conséquent de nouveaux frais. (1)

C'est surtout à l'égard de l'adjudicataire sérieux plus qu'à l'égard du spéculateur, qu'apparaît l'utilité de la déclaration d'adjudicataire. Un individu tient à acquérir un « bien » dont la vente se poursuit à la barre du tribunal, en son absence. S'il eût été informé assez longtemps à l'avance du jour de l'adjudication, il eût pu donner mandat à un avoué d'enchérir pour lui; mais nous supposons qu'il n'en a été averti qu'à la dernière heure et qu'il ne lui a été possible ni de donner ses ordres, ni d'ar-

---

(1) Excepté toutefois dans le cas de vente sur saisie-immobilière et de surenchère. A défaut d'enchères, le poursuivant (art. 705) ou le surenchérisseur (art. 710) sont réputés adjudicataires.

river à temps à l'audience des criées. L'adjudication a été tranchée au profit d'un avoué qui n'a pas désigné son adjudicataire ; si l'avoué et son client y consentent, il sera facile à notre acheteur de bénéficier de l'adjudication, puisque, pour cela, il suffira à l'avoué de déclarer le nom du nouvel acquéreur.

D'ailleurs l'adjudicataire, nous l'avons dit, peut avoir intérêt à rester inconnu des vendeurs, des créanciers ou des tiers présents à l'audience. Il est par exemple créancier du débiteur saisi et les conditions exigées étant remplies, il veut compenser ; ou encore l'immeuble mis en vente présente pour lui des convenances particulières ; c'est un héritage de famille, c'est un fonds enclavé dans son domaine, une masure qui masque son habitation, un terrain voisin de son usine dont l'extension l'oblige à s'agrandir de ce côté. Si l'amateur enchérissait à visage découvert, les parties intéressées à ce que l'adjudication atteigne un bon prix, pousseraient les enchères sans crainte, certains qu'elles seraient toujours couvertes par celle de l'amateur en vue, et donneraient ainsi à l'immeuble une valeur peut-être hors de proportion avec sa valeur réelle. Si, au contraire, l'adjudicataire ne paraît pas à l'audience on ignore pour qui l'avoué porte les enchères, puisqu'il n'a pas à faire connaître le nom de son mandant ; on s'en doute probablement ; mais à défaut de certitude, les créanciers, les voisins ou les rivaux hésitent à pousser jusqu'à un prix élevé un immeuble qui risque de leur rester pour compte à des conditions trop onéreuses. Notre amateur restera donc adjudicataire grâce à la possibilité donnée à l'avoué par l'art. 707 de déclarer le nom de son adjudicataire dans les trois jours.

Section II. — Inconvénients

Ces avantages indéniables évidemment, et qui sont aussi ceux de la déclaration de command proprement dite, ne nous semblent pas cependant contre-balancer les inconvénients et les abus dont la déclaration d'adjudicataire est sinon la source, tout au moins l'occasion.

A. — Et d'abord, nous avons vu le danger très réel et si difficile à conjurer d'une adjudication tranchée indirectement au profit de l'avoué poursuivant contrairement à la prohibition de l'art. 711. La crainte de la fraude n'est pas dans ce cas aussi chimérique que l'on pense en général; souvent, il arrive que l'avoué, dont le plus vif désir était de devenir propriétaire des biens qu'il avait charge de vendre, voit d'un œil satisfait la sanction de l'article 707 s'abattre sur lui; n'est-il pas à craindre qu'il mette tout en œuvre pour encourir les rigueurs de la loi ? La peine dont il est menacé ne devient plus pour lui qu'une « douce pénitence » qu'il envisage et qu'il escompte même avec sérénité. Aussi, dans ses Observations sur le projet de loi qui devint la loi de 1841, la Cour de Nîmes proposait une sanction différente et qui, à notre avis, eut déjoué infailliblement les ruses de l'avoué poursuivant et coupé court à toutes ses combinaisons.

« Les avoués, disait la Cour de Nîmes, qui ne sont que des mandataires et des mandataires ministériels doivent beaucoup moins sans doute pouvoir se rendre adjudicataires pour eux-mêmes que les personnes désignées à l'article suivant (il s'agit des membres du tribunal). Cependant le présent article (art. 722 du projet, devenu l'article 707 du Code de Procédure) leur en fournirait un moyen indirect, mais infaillible, en les réputant adjudicataires en leur nom au cas où dans les trois jours ils ne déclareraient pas l'adjudicataire, ne fourniraient pas son acceptation ou ne représenteraient point son pouvoir, ce qui dépendrait entièrement de leur volonté, de leur spéculation ; il faut donc, au lieu de seconder une sorte de stellionat en les réputant adjudicataires, leur infliger la peine que mériterait leur infidélité, l'abus de leur ministère : celle de la folle-enchère à leurs frais et à raison de laquelle ils ne pourraient être reçus à enchérir pour leur compte directement, ni par personne interposée et ne pourraient profiter de l'exception portée par l'art. 765. »

Lors de la discussion de la loi, on n'attacha aucune importance à ces craintes et l'article 707 fut voté tel qu'il avait été proposé ; on lui ajouta seulement une dernière partie relative aux sanctions de l'art. 711. Il est probable que si les observations de la Cour de Nîmes avaient été prises en considération et les moyens qu'elle indiquait adoptés, on n'eût

pas eu à déplorer dans la suite les abus qui
se sont produits inévitables avec le texte de la
loi.

B. — Mais à notre avis le plus grand inconvé-
nient de la déclaration d'adjudicataire consiste
dans ce que certains considèrent précisément
comme un avantage : la facilité accordée aux
spéculateurs, aux gros acheteurs, de se livrer au
détriment d'autrui à des opérations sans doute
pour eux fort avantageuses, mais préjudiciables
aux intérêts des vendeurs : co-partageants, mineurs
ou créanciers. Nous voyons le fait se produire
tous les jours : Une exploitation rurale, un domaine
comprenant ordinairement bâtiments, terres, prés,
bois, est mis en vente à la barre du tribunal. Il est
stipulé au cahier des charges que la vente est
faite en bloc, en un seul lot. On sait les prix éle-
vés qu'atteignent parfois à l'enchère, dans certains
pays, depuis quelques années, les exploitations
agricoles. Les vendeurs connaissent les enchérisseurs probables ; ces derniers pour avoir une partie du domaine qui leur convient spécialement
n'hésiteront pas à donner du tout un bon prix ; le
lotissement et la mise à prix ont été établis en
conséquence. Mais voilà qu'un spéculateur arrive,
un marchand de biens vient se mettre sur les
rangs ; il connaît les terres tout au plus par la désignation qu'il en a lu sur les affiches et les journaux;
il se met à la recherche des amateurs qu'il a bien-
tôt découverts ; et à chacun il tient ce langage :
« Le domaine de X... est en vente ; vous avez l'in-

tention de l'acquérir, cependant il y a telles et telles personnes qui se promettent de vous le faire payer cher. Il serait de votre intérêt de borner vos intentions à telles ou telles parcelles qui vous conviennent mieux et d'abandonner le reste aux autres. La vente a lieu en un seul lot, c'est vrai, mais qu'à cela ne tienne : je vais me rendre adjudicataire du tout, à condition que vous ne pousserez pas les enchères ; et ensuite, nous aurons trois jours pour nous entendre, voir ce qu'il vous faut et passer à votre nom une partie de l'adjudication. C'est le seul moyen d'avoir à bon marché les parcelles que vous désirez ». Presque toujours, séduit par la clarté de l'argument, l'acheteur accepte la proposition et s'abstient de prendre part à l'adjudication, qui est tranchée au profit de l'avoué du marchand de biens pour la mise à prix, ou à peu près, c'est-à-dire pour une somme inférieure d'un tiers au moins à la valeur réelle de l'immeuble. L'avoué se garde bien de déclarer à l'audience le nom de son client ; celui-ci comme il l'avait promis, taille des lots, fait des échanges, et impose ses conditions ; et avant l'expiration des trois jours légaux l'avoué déclare au greffe que les adjudicataires sont MM. un tel et un tel, qui se sont partagé le bénéfice de l'adjudication tranchée en bloc, au profit de Me X... avoué.

Il n'y a là rien que de très licite, dira-t-on, puisque nous avons reconnu le droit pour l'avoué de diviser entre plusieurs adjudicataires le bénéfice d'une adjudication tranchée en bloc à son profit, et que nous en avons même déduit que ces adjudicataires partiels deviennent débiteurs solidaires du prix. Aussi bien n'est-ce pas contre le rôle de l'avoué que nous protestons, mais contre la facilité offerte aux spéculateurs par l'article 707 d'écarter les véritables acquéreurs de l'enchère et de se faire ainsi adjuger à vil prix des immeubles qu'ils *passeront* ensuite à ces acquéreurs au grand détriment des vendeurs et contrairement aux lois de la morale stricte.

La fraude apparaît plus réelle et le préjudice plus évident quand l'adjudication, au lieu d'être faite en bloc, est divisée en lots et que la clause de vente sur réunion des lots en un seul est insérée au cahier des charges. Dans ce cas, en effet, ce sont les vendeurs eux-mêmes qui ont pris soin de diviser les immeubles, de composer des lots suivant les besoins des amateurs présumés, de façon que chaque lot atteignant le maximum de sa valeur, la mise à prix totale après réunion représente bien la valeur du domaine dans son ensemble. Mais les vendeurs ont compté sans le marchand de biens toujours à l'affût; celui-ci trouve le travail tout fait ; les lots sont préparés, il n'a plus qu'à obtenir l'abstention des acquéreurs probables, de ceux que les vendeurs avaient précisément en vue en composant le lotissement. Son avoué reste adjudicataire de tous les lots ou de presque tous moyennant une enchère de quelques francs ; on remet en vente l'ensemble sur la mise à prix totale ; et l'adjudication est tranchée au profit de l'avoué du marchand de biens qui va, grâce au délai de trois jours, distribuer les lots à des conditions évidemment meilleures, que si chacun des adjudicataires enchérissant . pour son compte avait disputé son lot à la foule des concurrents.

Mais, dira-t-on, pourquoi dans ce cas incriminer l'article 707? Les manœuvres du marchand de biens constituent tout simplement une entrave à la liberté des enchères, et la sanction est toute indiquée? Mais le marchand de biens est absolument inconnu et insaisissable ; son nom ne figure ni dans le procès-verbal d'adjudication, ni dans la déclaration d'adjudicataire. Sont-ce les acquéreurs que l'on accusera d'entraves à la liberté des enchères ? Mais la jurisprudence leur reconnaît le droit de s'associer pour se rendre adjudicataires dans une vente publique, et de s'entendre pour se partager ensuite les biens ainsi acquis à vil prix. La Cour de Rouen a formellement admis que la convention, par suite de laquelle un individu s'abstient d'enchérir parce que celui qui veut devenir adjudicataire lui cédera une portion de l'immeuble mis en vente, ne saurait tomber sous l'application de l'article 412 du Code Pénal (1). Pour combattre les fraudes qui se commettent sous le couvert de l'art. 707, on a prétendu que « le délai de 3 jours n'est pas donné pour chercher un adjudicataire, mais seulement pour faire connaître à celui dont on a fait l'affaire, le résultat de l'adjudication et régulariser son acceptation » (2), assertion contraire aussi bien au texte de l'article 707 qu'à son

(1) Arrêt du 24 mai 51. *Journal des Avoués*, tome 76, p. 613.
(2) D.-P. 67-1-68 (Fabre).

esprit,et que la Cour de Cassation a refusé d'admettre dans un arrêt du 23 juillet 1866, dans lequel
elle reconnaît qu'« aucun article de loi n'interdit
à l'adjudicataire, pendant le délai de la déclaration d'adjudicataire, de subroger un tiers, moyennant un prix déterminé, au bénéfice de son adjudication ».

Les tribunaux sont donc désarmés contre les
spéculateurs qui se retranchent derrière la disposition de l'art. 707. Il manque à notre Code
un article semblable à l'article 410 du Code de
Sardaigne portant que « toutes conventions faites
pour écarter les enchérisseurs sont nulles de plein
droit et que les adjudications qui auraient eu lieu
au profit de ceux qui auraient pris part à ces conventions pourront être annulées à la diligence des
intéressés ». A défaut d'une telle disposition dans
notre législation, la suppression de l'article 707, ou
tout au moins sa modification, s'impose, à notre
avis, puisque c'est cet article seul qui ouvre la
porte à tous les abus. Telle est la conclusion à
laquelle nous a conduit l'examen des avantages et
des inconvénients de la déclaration d'adjudicataire ; ce sera aussi celle de cette étude.

CONCLUSION

Lors de la discussion du Code de Procédure, le législateur ne s'est pas suffisamment expliqué sur le sens et la portée de l'article 707 et nous ne trouvons pas beaucoup d'éclaircissements à ce sujet dans les travaux préparatoires de la loi de 1841.

On a cependant reconnu depuis que la disposition de cet article constituait à l'égard de l'avoué un privilège, une faculté. Mais un privilège ne s'accorde que dans des cas tout à fait spéciaux, particulièrement intéressants, ou pour respecter des intérêts établis. Or, quels intérêts sont en jeu chez l'avoué enchérisseur ? Aucun Son ministère est forcé : voilà un premier privilège que justifient bon nombre de considérations ; nous ne le contestons pas. Il enchérit et se fait le porte-paroles de ses clients ; là se borne son rôle. Pourquoi lui donner un deuxième privilège, celui de laisser pendant trois jours le bénéficiaire de l'adjudication à sa merci ; car si l'avoué qui n'a pas de pouvoir écrit ou qui n'a qu'un pouvoir verbal, se refuse à déclarer son mandataire, quelle disposition dans nos lois l'y obligera ? N'a-t-il pas un délai de 3 jours pour se procurer un adjudicataire, et ne peut-il pas faire dans ce délai autant de déclarations successives qu'il est nécessaire ? Il est bien à craindre que l'avoué ne voie là la source d'un profit. D'autre part, il peut se faire le complice des combinaisons des spéculateurs, des accapareurs, puisqu'il peut diviser entre plusieurs adjudicataires, le bénéfice d'une adjudication faite en bloc. Si aux yeux des rédacteurs du Code de Procédure, la disposition de l'article 707 présentait une utilité suffisante, nous ne sommes pas parvenu à la découvrir ; nous estimons au contraire qu'elle constitue une formalité inutile et une anomalie qu'il importe de faire disparaître. C'était déjà en 1840 l'avis de la Cour de Dijon qui s'opposait à son vote dans les termes suivants : « Loin d'accorder trois jours à l'avoué du dernier enchérisseur pour déclarer l'adjudicataire, il faut l'obliger à faire sur le champ cette déclaration ; l'avoué n'a pas dû se présenter aux enchères sans être muni d'une procuration ; il n'y a donc aucune espèce de raison pour laisser un délai de 3 jours entre sa déclaration et l'adjudication ; autrement, c'est ouvrir la porte aux fraudes. Nous irons plus loin et nous dirons qu'il conviendrait de ne recevoir aucune enchère de la part de l'avoué qu'il n'eût déclaré si c'est pour lui et en son nom qu'il enchérit ou qu'il n'ait justifié de son pouvoir. » (Observation au projet de loi de 1841).

Sans aller aussi loin que la Cour de Dijon, nous estimons comme elle que l'art. 707 n'a pas de raison d'être dans notre Code ; il est une source de dangers pour l'avoué et pour les vendeurs ; nos législateurs agiraient sagement en votant sa suppression. Les avoués n'en éprouveraient aucun préjudice appréciable et ne pourraient s'en plaindre ; cette suppression aurait surtout l'avantage de couper court à toute suspicion à l'égard de l'avoué poursuivant et de prévenir, en les rendant plus difficiles, les manœuvres des marchands de biens, que seuls ce changement de législation pourra léser.

Mais l'intérêt des marchands de biens est-il supérieur à celui de la justice ? Est-il préférable à celui des créanciers et des mineurs ? Bentham réfute le perpétuel sophisme de ceux qui s'opposent à toutes les réformes et qui auraient volontiers empêché l'établissement des chemins de fer pour ne pas priver les maîtres de postes de leur brevet et des droits abusifs qu'on leur avait reconnus. « L'abolition de cette institution serait un mal pour ceux qui en jouissent......». Cet argument suppose qu'on ne pourrait ni simplifier la procédure, ni améliorer les lois quand cette réforme nuirait à des intérêts privés. Cependant, doit-on perpétuer un mal par ménagement pour ceux qui en profitent ? Pour l'intérêt des marchands de biens, faut-il fermer les yeux sur les abus qu'ils commettent ? Deux intérêts sont en présence ; il faut que l'un des deux cède. Lequel ? Celui qui est contraire à la justice ou celui qui est conforme à ses fins ?

La situation de l'avoué comme celle des particuliers sera-t-elle d'ailleurs bien différente après la suppression de l'art. 707 ? Elle le sera suffisamment pour empêcher la fraude de l'avoué poursuivant et les abus des marchands de biens. Mais il leur restera toujours la déclaration de command proprement dite, celle de la loi du 22 frimaire an 7, dont les formalités rigoureuses (réserve, notification et déclaration dans les 24 heures), seront toujours un obstacle, sinon insurmontable, du moins très gênant pour les combinaisons des spéculateurs.

TABLE DES MATIÈRES

———

CHAPITRE PREMIER

Nature et formes de la déclaration d'adjudicataire

CHAPITRE DEUXIÈME

Des effets de la déclaration d'adjudicataire

CHAPITRE TROISIÈME

Absence de déclaration et déclaration irrégulière. — Sanction de l'article 707, C. Pr. civ.

CHAPITRE QUATRIÈME

Utilité et inconvénients de la déclaration d'adjudicataire

GRANDE IMPRIMERIE DU CENTRE. — HERBIN, MONTLUÇON

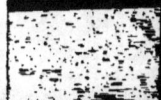